MW01154332

IOANA CURT

PRĂJITURI DE CASĂ

- REȚETE UNICE -

Editura Reflection Books

Titlu: Prăjituri de casă - rețete unice
Autor: Ioana Curt
Editor: Ruxandra Vidu și Ioana L. Onica
Poze: Ioana Curt și Ana-Maria Lumînare (foto credit pentru prăjiturile Napoli, Milano, Rustica, Brasil, Kinder Bueno și Limonella)
Coperta: Iulian Gherstoagă

ISBN: 978-1-936629-54-1

COPYRIGHT 2019 © REFLECTION BOOKS

Nici o parte a acestei cărți nu poate fi reprodusă, stocată într-un sistem de regăsire sau transmisă în nici o formă sau mijloace electronice, mecanice, fotocopiere, înregistrare sau scanare fără permisiunea scrisă prealabilă a editorului.

Reflection Books, P.O. Box 2182
Citrus Heights, California 95611-2182
E-mail: info@reflectionbooks.com
www.reflectionbooks.com

CONŢINUT

CUVÂNT ÎNAINTE

Dragii mei,

Vă invit să descoperiți în cartea mea, rețete unice de prăjituri, toate făcute cu multă pasiune și mult drag în bucătaria proprie.

De ce am ales să îmi creez propriile mele rețete de prăjituri? Pasiunea mea pentru deserturi aspectoase și gustoase s-a dezvoltat cu mulți ani în urmă. La cererea și sugestia prietenilor mei și a celor care și-au dorit să încerce prăjituri noi, am ales să pun bazele unei cărți cu rețete de prăjituri. Am dorit ca în această carte, să adun rețetele pe care le-am gândit ca și aspect la început, ca apoi să le gust cu plăcere la final. Fiecare rețetă este însoțită de cel puțin o poză, de cantitatea ingredientelor și de modul de preparare explicat în detaliu.

Familia, prietenii și alți apropiați au fost cei care m-au încurajat și și-au exprimat părerea în ceea ce privește atât gustul cât și aspectul prăjiturilor create de mine.

"Gustul autentic al prăjiturilor de casă este 100% oferit de Ioana. Am avut ocazia să mănânc din prăjiturile oferite de Ioana și imediat m-am îndrăgostit de ele. Sunt absolut delicioase, întotdeauna proaspete și fără îndoială iți amintesc de gustul copilariei. Aștept cu nerăbdare cartea care mă va ajuta să experimentez gusturi noi."
Luminita Pop, Invine, CA

"Harnică, talentată, ambițioasă, sunt câteva din calitățile prietenei mele Ioana. Prăjiturile făcute de ea sunt gustoase și aspectoase pentru că pune foarte mult suflet în tot ceea ce face."

Dana Lupsa, Sacramento, CA

"Ioana Curt face cele mai bune prăjituri din Sacramento. Gustul prăjiturilor îmi amintește cu drag de acasă și mă face să mă simt ca un copil la cofetaria din colț"
Alexa Mititi, Sacramento. CA

Acestea sunt doar câteva din nenumăratele complimente primite de la cei apropiați. Așa cum am menționat mai sus, mi-a plăcut dintotdeauna să fac prăjituri. Undeva, în inima mea, încolțise dorința și totodată speranța că voi face mai mult de atât, că nu mă voi rezuma doar la a face câte o prăjitură pentru familie din când în când. Așa am decis să pun pe hârtie, una câte una, rețetele mele. Am intrat într-un necunoscut complet pentru mine, neștiind de unde să încep și cu ce să termin...

La început, nici nu bănuiam ce implică să faci o carte cu rețete de prăjituri. Pe parcurs, am descoperit că sunt capabila să fac chiar mai mult din ceea ce îmi propusesem. Pasiunea mea și gândul că atâția oameni își doresc această carte m-a determinat să muncesc mult ca sa iasă o carte frumoasă cu rețete unice. În tot acest timp în care cartea a fost în proces de concepție și desfășurare, m-am pus în locul cititorului care, atunci când rasfoiește paginile cărții, să rămână plăcut surprins.

Nu am știut să fac poze, dar încet-încet am învățat cum să potrivesc decorul cu prăjitura și să dau valoare prăjiturii prin pozele luminoase. Despre cum am ales numele prăjiturilor, pot să spun că toate mi-au venit natural în minte și de fiecare dată când căutam un nume la prăjitura tocmai creată, daca nu simțeam că se potrivește, mai așteptam o zi - două să–mi vină vreo idee, un nume potrivit. La unele dintre ele, îmi venea în minte numele chiar în timpul preparării și simțeam pe loc că acela va fi numele prăjiturii.

Provin dintr-o familie numeroasa cu 10 fete și 4 băieți. Mama mea a fost o bucătăreasă desăvârșită. Fiind o familie mare, nu era timp de stat, ne făcea mâncare cu atât drag. Mâncarea ei era așa de buna! La sărbători, mama ne făcea cel mai bun cozonac cu nucă, cornulețe cu silvoiță (magiun de prune) și multe alte bunătăți. Pe mine mă punea să frământ pâinea și cozonacul. Nu știam eu atunci că îmi va prinde bine în viață tot ce-am învățat de la măicuța mea. După ce am plecat de acasă, am fost nevoită să gătesc pentru mine și soțul meu, iar mai târziu și pentru fetița noastră. Întotdeauna încerc să aduc gustul de acasă la mine în bucătărie si am perseverat. Iubesc să aduc bucuria cuiva, dăruindu-i o felie de tort sau o prăjitură.

În tot acest timp în care am lucrat la carte, sotul meu m-a sprijinit din toate punctele de vedere. El a fost cel care mi-a dat o a doua opinie în toate, m-a încurajat mult și m-a îndemnat să merg înainte atunci când am întâmpinat dificultați.

Vă mulțumesc pentru că mi-ați îngăduit să poposesc în casele dumneavostră prin intermediul acestei cărți! Nu ezitați să-mi scrieți pe adresa de email sau pe paginile de socializare. Aștept cu mare interes și emoție părerile voastre la adresa de email *ioanagcurt@gmail.com*.

Va îmbrățisez cu mult drag!

Ioana Curt

BELVEDERE

Pentru blat:
4 ouă
200g zahăr tos
2 plicuri zahăr vanilinat
150 g făină
1 praf de copt
100 mL lapte
50 mL ulei
50 g unt
un praf de sare

Pentru cremă:
115 g unt
230 g cremă de brânză
397 g lapte condensat (o cutie)
200 mL smântână de frișcă
50 g coaja de portocală confiată

Pentru jeleu:
400 g piersici
200 g zahăr tos
2 linguri zeamă de lămâie
7 g gelatină

Mod de preparare blat:

Se separă ouăle, iar gălbenușurile se mixează cu zahărul vanilinat și 150 g zahăr tos timp de 5-6 minute până când își dublează volumul, apoi se adaugă uleiul și se continuă mixarea 1 minut, apoi se adaugă untul și se mixează 1-2 minute. Se cerne făina și praful de copt și se adaugă peste gălbenușuri, mixând la viteză mică și adăugând treptat și laptele rece. După ce s-a mixat totul bine, transferăm compoziția într-un vas larg.

Albușurile se mixează cu sarea 2-3 minute, apoi se adaugă restul de zahăr și se continuă mixarea până când obținem o bezea tare. Tapetăm cu hârtie de copt o tavă pătrată de 26 cm și turnăm blatul în tavă, nivelăm și coacem la 180 °C pentru aprox. 25 minute. După coacere, blatul se lasă la răcit, apoi se taie în două părți egale pe orizontală. În tava în care s-a copt blatul, se pune folie de plastic alimentară, se așează o foaie de blat și se însiropează puțin, apoi ne ocupăm de cremă.

Mod de preparare cremă:

Punem într-un vas untul moale la temperatura camerei și mixăm câteva minute până când devine spumos, apoi adăugăm crema de brânză și continuăm mixarea pentru înca 2 minute. După această etapă, se adaugă laptele condensat și smântâna de frișcă și se mixează 2-3 minute ca să obținem o cremă, se oprește mixerul și se adaugă coaja de portocală confiată, mărunțită și se amestecă în cremă cu o spatulă. Se oprește puțină cremă cât să întindem pe a doua foaie de blat și restul se toarnă în tavă peste blatul însiropat, se nivelează crema și se acoperă cu a doua foaie de blat peste care întindem crema pe care am păstrat-o. Prăjitura se dă la frigider până când pregătim jeleul și-l punem pe deasupra.

Mod de preparare jeleu:

Punem gelatina la hidratat în apă rece conform indicațiilor de pe ambalaj și o lăsăm deoparte până la întrebuințare. Punem la foc într-o crăticioară fructele și zahărul și după ce începe să fiarbă, mai ținem pe foc 4-5 minute ca să se dizolve zahărul. Se ia de pe foc și se pune în vasul blenderului, dăm la blender fructele împreună cu zeama obținută până se face un suc fin și gros. Lăsăm puțin la răcit ca să nu fie fierbinte, apoi adăugăm gelatina și amestecăm până se dizolvă. Jeleul se lasă la răcit apoi se toarnă peste prăjitură, se nivelează și se dă la frigider pentru câteva ore sau peste noapte.

Poftă bună!

GENOVEVA

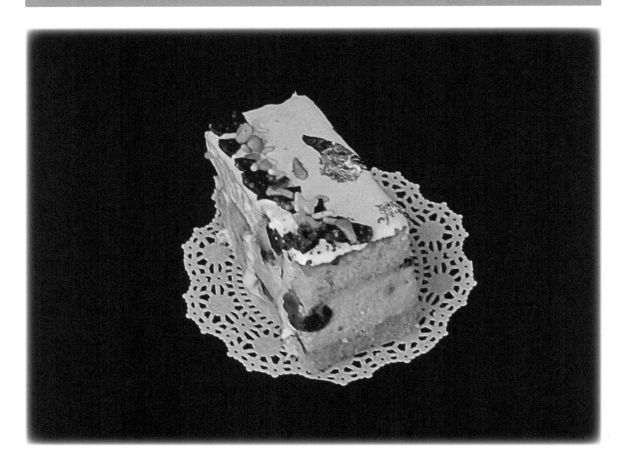

Pentru blat:
6 ouă
200 g zahăr tos
1 plic zahăr vanilinat
75 mL ulei
75 g unt
120 mL lapte
180 g făină
1 praf de copt
un praf de sare
+ 300 g nuci prăjite şi mărunţite

Pentru cremă:
400 g cremă de brânză
200 g zahăr pudră
350 g piure de căpşuni
500 mL smântână de frişcă
14 g gelatină
+ 400 g vişine din compot

Pentru glazura albă:
200 g ciocolată albă
80 mL smântână de frişcă

Mod de preparare blat:

Se separă ouăle, iar în galbenușuri se pune 150 g zahăr și zahărul vanilinat și se mixează 4-5 minute după care se adaugă uleiul și continuăm să mixăm. Adăugăm untul și mixăm, adăugăm făina și praful de copt cernute și mixăm. Adăugăm apoi treptat și laptele. Compoziția se toarnă într-un vas larg și se lasă deoparte. Mixăm albușurile cu sarea și apoi adăugăm restul de zahăr, mixăm ca să obținem o bezea tare. Încorporăm bezeaua în gălbenușuri și amestecăm cu o spatulă de jos în sus printr-o mișcare circulară. Pregătim două tăvi de 40 x 28 cm, tapetăm cu hârtie de copt, și în fiecare tavă așezăm la bază nuci prăjite și mărunțite. Împărțim compoziția de blat în cele două tăvi, nivelăm și coacem pentru 20 minute la 180 °C, apoi lăsăm blaturile la răcit.

Mod de preparare piure de căpșuni:

Punem la foc într-o crăticioară 300 g căpșuni și 100 zahăr tos, fierbem până când zahărul este dizolvat apoi luăm de pe foc și dăm prin sită. Lăsăm puțin la răcit piureul de căpșuni ca să nu fie fierbinte când adăugăm gelatina hidratată. Piureul de căpșuni se lasă la răcit complet. Mixăm crema de brânză și zahărul pudră 5-6 minute apoi adăugăm câte o lingură din piureul de căpșuni și mixăm după fiecare adăugare. Crema obținută se pune la frigider pentru 30-40 minute. Între timp, mixăm smântâna de frișcă într-un vas rece, adăugăm frișca în crema de căpșuni și amestecăm cu spatula de jos în sus în mișcări circulare.

Într-o tavă în care am copt blatul, punem folie alimentară și așezăm un blat cu nuca în sus, turnăm toată crema de căpșuni și în cremă așezăm vișine bine scurse de zeama de compot, nivelăm și punem celalalt blat. Dăm la frigider prăjitura până când decorăm și glazurăm.

Mod de preparare glazură:

Smântâna de frișcă se încălzește și se adaugă peste ciocolată, se omogenizează bine și se lasă puțin la răcit, apoi se poate glazura toată prăjitura sau numai bucăți individuale. La decor, se poate folosi ciocolată, alune, sprinkles și foiță de aur comestibilă.

Poftă bună!

TORT SHEHEREZADA

Pentru blat de cacao:
6 ouă
250 g zahăr tos
2 plicuri zahăr vanilinat
200 g făină
1 praf de copt
1 linguriță bicarbonat de sodiu
100 mL lapte bătut
un praf de sare
75 mL ulei
50 g unt

Pentru mousse caramel şi cioco-clata albă:
150 g ciocolată albă
600 mL smântână de frişcă

380 g caramel din lapte condensat (dulce de leche)

200 g alune prăjite şi mărunţite

Pentru mousse de ciocolată
300 g ciocolată cu lapte
2 gălbenuşuri
50 g zahăr tos
7 g gelatină
350 mL smântână de frişcă

Pentru sirop:
150 g zahăr tos
200 mL apă
1 linguriță esenţă vanilie

Mod de preparare blat de cacao:

Separăm albușurile de gălbenușuri. Gălbenușurile le punem în vasul mixerului şi le mixăm cu 200 g zahăr tos şi zahărul vanilinat până îşi dublează volumul, apoi adăugăm uleiul şi mixăm puţin, adăugăm şi untul şi mixăm din nou. Cernem făina cu praful de copt şi bicarbonatul de sodiu şi o adăugăm în compoziţia de gălbenuşuri, mixăm la viteză mică apoi adăugăm laptele bătut şi mixăm uşor. Lăsăm compoziţia deoparte.

Mixăm albușurile cu sarea 2 minute, apoi adăugăm restul de zahăr şi continuăm mixarea până când obţinem o bezea tare, bezeaua obţinută se încorporează în gălbenuşuri amestecând de jos în sus cu o spatulă. Turnăm blatul în tava de copt tapetată cu hârtie de copt 32 x 22 cm şi coacem la 180 °C pentru 35-40 minute sau facem testul cu scobitoarea. Blatul răcit se taie în trei felii egale.

Mod de preparare mousse de ciocolată:

Hidratăm gelatina în apă rece conform indicaţiilor de pe ambalaj şi o lăsăm deoparte. Punem într-un vas de sticlă ciocolata şi o topim pe baie de aburi. O luăm de pe aburi şi o lăsăm deoparte. Gălbenuşurile se freacă cu zahărul folosind telul în forma de pară, amestecăm bine 2-3 minute apoi transferăm pe baia de aburi şi gătim gălbenuşurile 5-10 minute. Se ia de pe aburi şi adăugăm puţină ciocolată topită, amestecăm bine şi adăugăm restul de ciocolată calduţă. Apoi adăugăm gelatina hidratată şi topită pe aburi, omogenizăm bine şi lăsăm deoparte. Aşezăm o folie de plastic alimentară în tava în care am copt blatul şi aşezăm pe ea o foaie de blat pe care o însiropăm. Mixăm smântâna de frişcă într-un vas rece şi o adăugăm în două tranşe în ciocolată, amestecând de jos în sus. Turnăm toată crema peste foaia de blat însiropată şi o dăm la frigider 1h sau la congelator 20 minute.

Mod de preparare mousse de caramel:

Hidratăm gelatina conform instrucţiunilor de pe ambalaj şi o lăsăm deoparte. Se pune într-o crăticioară pe foc caramelul şi 200 mL smântână de frişcă, se lasă la foc mic să se încălzească tare dar să nu fiarbă, apoi turnăm peste ciocolata albă într-un vas mare, omogenizăm bine să se topească ciocolata şi adăugăm gela- tina hidratată. Amestecăm bine să se topească gelatina, apoi scoatem din canti- tatea totală de caramel şi punem într-o cană mare, în care punem alunele prăjite şi mărunţite. Mixăm restul de smântână de frişcă şi adăugăm în crema de caramel şi ciocolata albă răcită, amestecând cu spatula de jos în sus. Scoatem tortul de la rece şi adăugăm altă foaie de blat peste mousse de ciocolată, însiropăm blatul şi turnăm mousse de caramel peste toată suprafaţa. Nivelăm şi adăugăm ultima foaie de blat, însiropăm şi turnăm crema caramel cu alune, folosind-o ca şi glazură, nivelăm cu spatula şi dăm tortul la rece pentru câteva ore.

Poftă bună!

MONTSERAT

Pentru blat:
6 oua
200 g zahăr tos
2 plicuri zahăr vanilinat
75 mL ulei
75 g unt la temperatura camerei
50 mL lapte rece
1 plic praf de copt
120 g făină
un praf de sare
25 g cacao
+ 3 albușuri
50 g zahăr tos
100 g nucă de cocos

Pentru crema:
4 gălbenușuri
250 g zahăr tos
100 g făină
450 mL lapte
100 g unt la temperatura camerei
230 g brânză mascarpone
1 plic zahăr vanilinat
1 linguriță esență vanilie

Pentru decor:
350 mL smântână de frișcă
cipsuri de ciocolată
cireșe confiate

Mod de preparare blat: Pentru început separăm cele 6 ouă. Punem gălbenușurile în vasul mixerului cu 150 g zahăr și zahărul vanilinat. Mixăm gălbenușurile până când devin cremoase apoi adăugăm uleiul în fir subțire continuând mixarea la viteza medie. După această etapă, se adaugă untul și se mixează 1-2 minute. Cernem împreună făina cu praful de copt și le adăugăm peste gălbenușuri. Treptat, adăugăm și laptele. Din această compoziție scoatem într-un vas aproximativ o cană de aluat în care adăugăm cacao cernută și omogenizată cu 2-3 linguri de lapte. Cele 6 albușuri se mixează cu sarea, apoi se adauga 50 g zahăr tos și se continuă mixarea până când obținem o bezea tare. Bezeaua obținută se împarte în aluatul galben și cel cu cacao. Evident, vom adauga mai multă bezea în compoziția galbenă. Amestecăm cu spatula de jos în sus și turnăm prima dată aluatul galben în tava tapetată cu unt și făină. Nivelăm a-luatul galben apoi adăugăm aluatul cu cacao și întindem cu spatula. Cele trei albușuri se mixează cu zahărul tos până când avem o bezea tare. Adăugăm în bezea nuca de cocos și amestecăm ușor cu o spatulă. Peste blatul din tavă punem cu o lingură grămăjoare din albușul cu cocos. Se pot adanci în aluat sau se pot lăsa la suprafață. Introducem tava în cuptorul pre-încins la 175 °C și coacem blatul pentru 45 - 50 de minute. Blatul copt se lasă la răcit în tavă, apoi se transferă pe un grătar de bucătărie. Se folosește o tava de 30 x 23 cm.

Mod de preparare cremă: Punem într-o crăticioară 350 mL lapte la încălzit. Gălbenușurile, zahărul tos și zahărul vanilinat se pun în vasul mixerului și se mixează până devin spumoase, apoi adăugăm făina și mixăm bine. Laptele rece rămas se adaugă peste gălbenușuri și se amesteca bine, apoi turnăm laptele cald peste gălbenușuri și transferăm budinca pe foc. Fierbem crema aproximativ 10 minute, a-mestecând constant cu telul în formă de pară. Când crema este fiartă, se ia de pe foc și se toarna într-un vas curat și uscat. În crema călduță se adaugă untul câte o bucățică și se amestecă bine după fiecare adăugare, apoi se lasă crema la răcit. Odată răcită crema, se adaugă brânza mascarpone care trebuie să fie la temperatura camerei. Mixăm bine crema până când devine spumoasă iar la final adăugăm esența de vanilie. Acestă cremă se adauga într-un strat gros peste toata suprafața prăjiturii, se nivelează, apoi punem prăjitura la rece.
Smântâna de frișcă se mixează și se pune într-un strat gros peste cremă. Dacă doriți să ornați bucăți individuale, atunci folosiți un poș de unică folosință în care puneți un dui cu modelul dorit, și ornați fiecare bucată. Peste frișcă se pun cipsuri de ciocolată și cireșe confiate.

Sfat: blatul se poate însiropa după preferință, dar se poate lăsa și neînsiropat.

Poftă bună!

PURPLE RAIN

Pentru blat:
6 ouă
200 g zahăr tos
2 plicuri zahăr vanilinat
180 g făină
150 mL lapte
1 praf de copt
un praf de sare
75 mL ulei
75 g unt

Piure de afine:
300 g afine
150 zahăr tos
10 g gelatină

Mousse de afine:
300 g piure de afine
400 mL smântână de frișcă
300 g cremă de brânză
200 g zahăr pudră

Mousse de ciocolată albă
200 g ciocolată albă
400 mL smântână de frișcă
7 g gelatină

Mod de preparare blat: Separăm albușurile de gălbenușuri. Mixăm gălbenușurile cu 150 g zahăr tos și zahărul vanilinat până își dublează volumul, apoi adăugăm uleiul și mixăm, adăugăm untul și continuăm să mixăm. Adăugăm și făina cernută cu praful de copt și mixăm la viteză mică adaugând treptat laptele. Mixăm bine compoziția și o lăsăm deoparte până la întrebuințare. Punem albușurile în vasul mixerului și mixăm cu un praf de sare 2-3 minute apoi adăugăm restul de zahăr și continuăm mixarea până obținem o bezea tare. Se încorporează bezeaua obținută în gălbenușuri și se amestecă cu spatula de jos în sus. Tapetăm o tavă cu hârtie de copt de dimensiunea 32 x 22 cm și turnăm blatul în tavă, nivelăm și coacem 35-40 minute sau facem testul cu scobitoarea. Blatul copt se lasă la răcit, apoi se taie în două felii egale pe orizontală. În tava în care am copt blatul se pune folie de plastic alimentară, se așează o felie de blat și se însiropează puțin.

Piure de fructe: Punem gelatina la hidratat în apă rece și o lăsăm deoparte. Fructele și zahărul le punem într-o crăticioară și le fierbem câteva minute până când se topeste tot zahărul, apoi luăm crăticioara de pe foc și dăm compoziția la blender. După această etapă, piureul se dă prin sită și când nu este foarte fierbinte, se adaugă gelatina hidratată și topită pe aburi. Piureul de afine se lasă la răcit în bucătarie, apoi la frigider.

Mod de preparare mousse de afine: Punem în vasul mixerului crema de brânză și zahărul pudră și mixăm 6-7 minute, apoi adăugăm câte o lingură din piureul de afine care trebuie să fie rece, mixăm după fiecare adăugare. Crema obținută se pune la frigider pentru 35 - 40 minute. În acest timp, mixăm smântâna de frișcă într-un vas rece. Adăugăm frișca obținută în crema de afine în două tranșe, amestecând cu o spatulă de jos în sus. Mousse-ul obținut se pune peste foaia de blat însiropată, se nivelează iar peste mousse se așează a doua foaie de blat și se însiropează puțin. Se dă la frigider 1 h.

Mousse de ciocolată albă: Hidratăm gelatina în apă rece conform instrucțiunilor de pe ambalaj și o lăsăm deoparte. Punem ciocolata într-un vas de sticla și 150 mL smântână de frișcă și topim pe baie de aburi. Luăm de pe aburi și așteptăm să se răcească puțin cât să nu fie prea fierbinte. Apoi adăugăm gelatina hidratată și topită pe aburi sau la microunde, amestecăm bine și lăsăm la răcit în bucătărie. Restul de frișcă se mixează și se adaugă în ciocolata topită. În această etapă, se procedează cu delicatețe deoarece smântâna de frișcă se poate tăia foarte ușor în contact cu ciocolata albă. De aceea, folosim o spatulă de silicon și cu mișcări largi amestecăm frișca în ciocolată. Mousse-ul obținut se pune peste blatul însiropat și se nivelează cât mai fin pentru că acesta este și ultimul strat, în loc de glazură. Dăm prăjitura la frigider câteva ore înainte de servire. Pentru decor se poate folosi puțină cremă de afine, bombonele sau foiță de aur comestibilă.

Poftă bună!

ZORI DE ZI

Pentru foi de bezea cu mac:
600 g albuș de ou
200 g zahăr tos
2 plicuri zahăr vanilinat
150 g mac
120 g nucă de cocos
un praf de sare

Pentru cremă:
6 gălbenușuri
200 g zahăr tos
200 g unt
700 mL lapte
120 g făina
coaja rasă de la 1 lămâie mare
zeama de la 1 lămâie
100 g zahăr pudră

Mod de preparare foi de bezea:

Punem în vasul mixerului albușurile cu sarea și mixăm 3-4 minute apoi adăugăm câte puțin din zahăr și zahărul vanilinat. Continuăm mixarea până când obținem o bezea tare. Scoatem vasul din mixer și adăugăm în două - trei tranșe macul amestecat cu nucă. Amestecăm bezeaua foarte delicat folosind o spatula lată pentru creme și facem mișcări largi de jos în sus. Împărțim bezeaua în patru tăvi de 40 x 28 cm tapetate cu hârtie de copt, nivelăm și coacem la 175 ℃ pentru 10 - 12 minute sau până ce sunt rumenite deasupra. După ce foile s-au copt, se lasă la răcit și se îndepărtează hârtia de copt.

Mod de preparare cremă:

Punem la încălzit 600 mL lapte, la foc mic.

Punem în vasul mixerului gălbenușurile și zahărul pudră și mixăm până își dublează volumul. Adăugăm făina și 100 mL lapte rece, mixăm bine 2 minute, apoi adăugăm laptele cald și amestecăm cu telul în formă de pară. Transferăm budinca în oală și fierbem crema aproxativ 10 minute până se îngroașă și face bulbuci mari. Odată fiartă, crema se pune într-un vas curat și uscat și se acopera cu folie de plastic alimentara. Se lasă la răcit în bucătărie. Untul moale, la temperatura bucătăriei, se mixează împreună cu zahărul pudră 5-6 minute, apoi se adaugă câte o lingură din crema fiartă și se mixează după fiecare adăugare. La final se adaugă coaja și zeama de lămâie. Întindem crema peste fiecare foaie, iar pe ultima foaie presărăm nuca de cocos peste ultimul strat de cremă. Prăjitura se lasă la rece câteva ore înainte de servire.

Poftă bună!

COCOA PEACH

Pentru blat:
6 ouă
200 g zahăr tos
75 mL ulei
50 g unt
1 plic zahăr vanilinat
40 g cacao
100 mL lapte
150 g făină
1 praf de copt
un praf de sare
70 g ciocolată semidulce

Pentru cremă:
400 g cremă de brânză
300 g piure de piersici
200 g zahăr pudră
500 mL smântână de frișcă

Pentru piure de piersici:
400 g piersici
200 g zahăr tos
10 g gelatină.

Pentru decor:
100 g ciocolată neagră
75 mL smântână de frișcă
frișcă bătută
jeleuri de portocale

Mod de preparare blat:

Separăm albușurile de gălbenușuri. Gălbenușurile le punem în vasul mixerului şi le mixăm cu 150 g zahăr tos şi zahărul vanilinat până îşi dublează volumul. Apoi adăugăm uleiul şi mixăm 2 minute. După aceea, adăugăm untul şi continuăm mixarea 2-3 minute. Cernem făina, cacao şi praful de copt şi le adăugăm peste gălbenușuri. Reducem viteză mixerului şi adăugăm treptat şi laptele. La final, adăugăm ciocolata topită şi răcită şi amestecăm bine. Lăsăm deoparte compoziția.

Albușurile le mixăm cu un praf de sare pentru 2-3 minute, apoi adăugăm restul de zahăr şi continuăm mixarea până când obţinem o bezea tare. Se încorporează bezeaua în gălbenușuri şi se amestecă cu spatula prin mișcări circulare de jos în sus. Turnăm compoziția într-o tavă de 32 x 22 cm tapetată cu hârtie de copt şi o coacem la 180 °C pentru aprox. 35 - 40 minute. Când s-a răcit, se taie blatul în două felii egale pe orizontală.

Mod de praparare jeleu:

Hidratăm gelatina în apă rece conform instrucțiunilor de pe amabalj şi o lăsăm deoparte. Punem într-o cărticioară fructele şi zahărul şi le lăsăm să fiarbă până când capata consistența dulceţei şi zahărul este topit. O luăm apoi de pe foc şi o dăm la blender. O lăsăm puțin la răcit şi adăugăm gelatina hidratată, amestecăm bine şi o lăsăm la răcit în bucătărie, apoi la frigider.

Mod de preparare cremă:

Punem în vasul mixerului crema de brânză şi zahărul pudră şi începem să mixăm, mai intai la viteză mică apoi mărim viteza mixerului şi mixăm 5 - 6 minute. După această etapă, se adaugă câte o lingură din jeleul de piersici rece şi mixăm după fiecare adăugare. Se pot adauga esențe după gust. O parte din cremă se păstrează pentru blatul de deasupra, iar restul se pune la frigider. Crema în care vom pune frișca se lasă la frigider 35 - 40 minute. În acest timp, se mixează smântâna de frișcă într-un vas rece, scoatem crema de la frigider şi adăugăm frișca bătută în două tranşe, amestecând cu o paleta prin mișcări largi circulare de jos în sus. În tava în care am copt blatul se pune folie de plastic alimentară şi se pune o foaie de blat. Se însiropează puțin şi se pune toată crema cu frișcă. În cremă, se pot pune bucăți de piersică din compot, se nivelează şi punem a doua foaie de blat peste care întindem crema păstrată fără frișcă. Punem prăjitura la rece 30 minute apoi glazurăm.

La glazură, se topeşte ciocolata cu smântâna de frișcă pe baie de aburi sau la microunde. O transferăm apoi într-un poş şi trasăm linii peste cremă. La decor se pot face rozete din frișcă peste care se pun jeleuri.

Poftă bună!

HEIDI

Pentru foi:
450 g făină
125 g unt
60 g untură
100 g zahăr pudră
8 g drojdie uscată
un praf de sare
50 mL smântână de frișcă
100 mL apă rece
coaja de la 1 lămâie
1 linguriță esență vanilie
1 gălbenuș

Pentru blat de bezea cu mac:
3 albușuri
70 g zahăr tos
1 plic zahăr vanilinat
50 g mac
un praf de sare

Pentru umplutură:
250 g crema de brânza
300 g brânză de vaci
150 g zahăr tos
2 plicuri zahăr vanilinat
1 albuș
coaja rasă de la o lămâie mică
400 g piersici din compot

Mod de preparare foi:

Punem făina cernută în vasul mixerului împreună cu zahărul pudră, sarea, drojdia și mixăm puțin la viteză mică, folosind paleta pentru aluat. Adăugăm untul și untura, galbenușul și mixăm puțin. Treptat, adăugăm smântâna de frișcă și apa rece, mixăm aluatul cât să se lege bine, scoatem din vas pe masa de lucru și adunăm într-o bilă, înfoliem și punem la frigider pentru 30 - 40 minute.

Mod de preparare blat de bezea cu mac:

În vasul mixerului, se pun albușurile și sarea. Se mixează 3 - 4 minute după care se adaugă zahărul tos și se continuă mixarea până când se obține o bezea tare. Scoatem vasul din mixer și adăugăm macul. Amestecăm cu spatula de jos în sus cu mișcări largi circulare și lăsăm deoparte câteva minute până la întrebuințare. Între timp, pregătim umplutura.

Mod de preparare umplutură:

Punem într-un vas brânza și crema de brânză, zahărul, zahărul vanilinat și coaja de lămâie, le amestecăm pe toate bine, apoi adăugăm albușul bătut spumă și amestecăm cu spatula.

Tapetăm cu hârtie de copt o tavă de 40 x 28 cm. Scoatem aluatul de la frigider și îl împărțim în două, întindem o foaie și o așezăm în tava tapetată. Apoi adăugăm umplutura de brânză, nivelăm si adâncim feliile de piersici. Peste crema de brânză se toarnă blatul de bezea și mac, iar peste blatul de bezea se rade a două foaie de aluat. Prăjitura se coace la 180 °C pentru 45 minute sau până când foaia de deasupra este bine rumenită.

Poftă bună!

PALOMA

Pentru foi;
8 ouă
250 g zhar tos
100 g unt
2 plicuri zahăr vanilinat
100 mL ulei
150 mL lapte
250 g făină
1 pic praf de copt
80 g griș

Pentru decor:
100 g nucă de cocos

Pentru cremă:
6 gălbenușuri
600 mL lapte
120 g făină
2 plicuri zahăr vanilinat
200 g zahăr tos
150 g zahăr pudră
esenţă vanilie
+ 100 mL lapte rece
200 g unt moale la tempera-
tura camerei

Mod de preparare foi:

Separăm albușurile de gălbenușuri. Gălbenușurile se mixează cu 200 g zahăr până capătă puțin volum, apoi adăugăm uleiul și continuăm mixarea încă 1 minut. Adăugăm untul moale și continuăm să mixăm. Cernem făina și praful de copt și adăugăm ingredientele uscate în gălbenușuri și mixăm la viteză mică adăugând treptat laptele rece. La final, adăugăm grișul și amestecăm bine. Lăsăm compoziția într-un vas mare și începem să mixăm albușurie la început cu un praf de sare apoi adăugăm restul de zahăr. Bezeaua obținută se adaugă în două tranșe în compoziția de gălbenușuri și amestecăm cu o spatulă de jos în sus cu mișcări largi. Împărțim compoziția în patru tăvi de 40 x 28 cm și o nivelăm cu o spatulă. Coacem foile timp de 12 minute la 180 ºC, după care le lăsăm la răcit pe grătare de bucatare.

Mod de preparare cremă:

Gălbenușurile se mixează cu zahărul tos și zahărul vanilinat 5 - 6 minute, timp în care încălzim 600 mL lapte la foc mic. După ce am mixat gălbenușurile, adăugăm făina și 100 mL lapte rece și mixăm bine să rămână fără cocoloașe. Adăugăm peste gălbenușuri laptele călduț, amestecăm bine cu telul în formă de pară și punem crema pe foc mic. Fierbem crema până când se îngroașă și face bulbuci. Luăm crema de pe foc și o turnăm într-un vas. Acoperim crema cu folie de plastic și o lăsăm să se răcească. Untul se mixează bine 2 - 3 minute apoi se adaugă zahărul pudră și se continuă mixarea până când își dublează volumul. Apoi începem să adăugăm din crema răcită câte o lingură mixând după fiecare adăugare.

Odată ce am terminat crema, umplem fiecare foaie cu cremă, inclusiv ultima foaie. La final, se adaugă nuca de cocos peste ultimul strat de cremă.

Poftă bună!

CHANTAL

Pentru blat:
6 ouă
250 g zahăr tos
100 mL ulei
100 g unt
40g cacao
200 g făină
100 mL lapte
1 praf de copt
2 plicuri zahăr vanilinat
1 linguriță bicarbonat de sodiu
un praf de sare

Pentru cremă:
100 g cremă de brânză
100 g zahăr pudră
50 g unt
250 g nutella de buna calitate
esență de vanilie şi rom după gust
250 mL smântână de frișcă

Pentru glazură
250 g zahăr tos
50 g cacao
200 mL lapte
150 g unt
100 g fistic mărunțit
1 linguriță esență vanilie sau rom

Mod de preparare blat:

Separăm albușurile de gălbenușuri. Mixăm gălbenușurile cu 200 g zahăr și zahărul vanilinat până când își dublează volumul, apoi adăugăm uleiul și mixăm. Adăugăm și untul moale și mixăm după fiecare adăugare de ingredient. Cernem făina, cacao, praful de copt și bicarbonatul într-un vas și adăugăm compoziția peste gălbenușuri. Mixăm la viteză mică și adăugăm laptele treptat. Lăsăm compoziția deoparte. Albușurile le mixăm cu un praf de sare 2 - 3 minute, apoi adăugăm restul de zahăr și continuăm să mixăm până când obținem o bezea tare. Bezeaua obținută se încorporează în gălbenușuri și amestecăm cu o spatulă de jos în sus cu mișcări largi. Tapetăm cu hârtie de copt o tavă de 32 x 22 cm și turnăm blatul în tavă, nivelăm și coacem la 180 °C timp de 35 - 40 minute sau facem testul cu scobitoarea. Blatul copt se lasă la răcit, apoi se taie în felii dreptunghiulare de 8 x 4 cm.

Mod de preparare glazură:

Punem într-o crăticioară zahărul, cacao și laptele la foc și fierbem la foc mic. După ce glazura dă în fierbere, adăugăm câte o lingură de unt care trebuie să fie la temperatura camerei. După fiecare lingură de unt adăugată, se amestecă bine cu telul în formă de pară. După ce am pus tot untul, glazura se ia de pe foc și se adaugă esențe după gust și fisticul mărunțit. Lăsăm glazura un pic la răcit în bucătărie. Glazura trebuie să fie puțin călduță când introducem bucățile de blat în glazură. Glazurăm fiecare feliuță de blat scufundând felia de blat, pe care o lăsăm apoi la scurs pe un grătar de bucătărie. După ce glazura a pătruns în blat și nu mai curge, punem grătarul pe o tavă și-l băgăm la frigider pentru 1 h.

Mod de preparare cremă:

Punem în vasul mixerului crema de brânză, untul și zahărul pudră și mixăm 4 - 5 minute. Apoi adăugăm nutella și continuăm mixarea 2 minute. Adăugăm și esență de vanilie și rom după gust și apoi punem crema într-un vas la figider pentru 1 h. Mixăm smântâna de frișcă și o adăugăm în crema rece amestecând cu spatula de jos în sus. Crema obținută se pune la frigider 35 - 40 minute. Pentru ornarea prăjiturii, se pune crema într-un poș în care am pus duiul nr. 104 și ornăm fiecare prăjitură. Pentru decorat, se pot folosi sprinkle, cipsuri de ciocolată și fistic mărunțit.

Poftă bună!

MORĂRIŢA

Pentru blat:
4 ouă
2 plicuri zahăr vanilinat
150 g zahăr tos
150 g făină
1 linguriţă mică praf de copt
50 mL ulei
100 mL lapte
50 g unt la temperatura camerei
un praf de sare

Pentru jeleu
280 g mure
120 g zahăr tos
7 g gelatină

Pentru cremă:
2 gălbenuşuri
60g amidon de porumb
150 g zahăr tos
250 mL lapte
100 g zahăr pudră
200 g mascarpone
400 mL smântână de frişcă
esenţă de lămâie 1 linguriţă.
coaja rasă de la o lămâie mare
zeamă de la lămâie

Mod de preparare blat vanilie:

Separăm albușurile de gălbenușuri. Mixăm gălbenușurile cu 100 g zahăr tos și zahărul vanilinat până își dublează volumul, apoi adăugăm uleiul și continuăm mixarea 1 minut, adăugăm și untul și mixăm bine. Făina se cerne cu praful de copt și se adaugă peste gălbenușuri. Se mixează compoziția la viteză mică, adăugând treptat laptele, apoi marim viteza mixerului și mixăm bine toate ingredientele. Albușurile le mixăm cu sare timp de 2 minute apoi adăugăm restul de zahăr și continuăm să mixăm până când obținem o bezea tare. Încorporam bezeaua în gălbenușuri și amestecăm cu spatulă de jos în sus. Compoziția obținută se toarnă în tava de 30 x 23 cm tapetată cu unt și făină și coacem la 180 °C pentru aproximativ 30 minute. Blatul se lasă la răcit apoi se taie în două foi egale.

Mod de preparare jeleu:

Punem la foc într-o crăticioară murele și zahărul și le lăsăm să fiarbă câteva minute până când zahărul este dizolvat. Apoi le luăm de pe foc și le trecem prin sita. Lăsăm compoziția puțin la răcit (dar nu de tot) și adăugăm gelatina hidratată. Amestecăm bine ca să se dizolve gelatina și lăsăm jeleul la temperatura bucătăriei să se mai răcească puțin.

Mod de preparare cremă:

Punem 200 mL lapte la încălzit la foc mic. Mixăm gălbenușurile cu zahărul tos, apoi adăugăm amidonul și restul de lapte rece și amestecăm bine. Turnăm laptele cald peste gălbenușuri și fierbem crema pe foc până se îngroașă. O transferăm apoi într-un vas curat și uscat, o acoperim cu folie și o lăsăm la răcit în bucătărie. Mixăm smântâna de frișcă și lăsăm la rece.
Crema rece se mixează cu zahărul pudră, apoi se adaugă coaja de lămâie și zeama de lămâie și se mixează. Adăugăm esența de lămâie și mixăm, apoi adaugăm brânza mascarpone și mixăm foarte puțin. Scoatem frișcă de la frigider și adăugăm jumătate din ea în cremă, amestecând cu spatula de jos în sus (cealaltă jumătate din cantitatea de frișcă se va folosi ca ultimul strat). Crema obținută se împarte în 3 părți.

În tava în care am copt blatul, punem o folie de plastic alimentară și așezăm o foaie de blat, însiropăm puțin și punem o parte din cremă, nivelăm și o dăm la congelator 15 minute. Apoi scoatem prăjitura de la congelator și adăugăm jeleul de mure peste cremă, nivelăm și dăm la congelator încă 15 minute. Scoatem din nou prăjitura de la congelator și adăugăm crema, punem a doua foaie de blat și însiropăm puțin apoi adăugăm ultimul strat de cremă și nivelăm. La final, se adaugă frișcă bătută peste cremă. Dăm prăjitura la rece câteva ore înainte de servire.

Poftă bună!

ANABELL

Pentru blat cacao:
4 ouă
150 g zahăr tos
150 g făină
30 g cacao
100 mL ulei
60 g unt
100 mL lapte
1/2 linguriţă praf de copt
1/2 linguriţă bicarbonat de sodiu

Pentru foi cu cacao:
50 g untură
75 g zahăr tos
50 mL lapte

1 lingură cacao
1 ou mic
1 linguriţă smântână grasă
fermentată
1/2 linguriţă bicarbonat de sodiu
1 lingură de oţet
180 g făină
1 linguriţă esenţă de vanilie

Pentru cremă:
397 g lapte condensat
230 g cremă de brânză
250 g ciocolată semidulce
100 g unt la temperatura camerei

Mod de preparare blat de cacao:
Separăm albușurile de gălbenușuri. Mixăm gălbenușurile cu 100 g zahăr până își dublează volumul, apoi adăugăm uleiul şi continuăm să mixăm încă 1 minut. Se adaugă şi untul şi se mixează. Cernem făina, cacao, praful de copt şi bicarbonatul într-un vas şi apoi adăugăm ingredientele uscate în gălbenușuri. Mixăm la viteză mică adăugând treptat şi laptele. Mixăm albușurile cu un praf de sare timp de 3 - 4 minute apoi adăugăm restul de zahăr şi continuăm mixarea ca să obţinem o bezea tare. Încorporăm bezeaua în gălbenușuri şi amestecăm cu o spatulă de jos în sus. Turnăm compoziţia într-o tavă de 30 x 23 cm tapetată cu unt şi făină şi coacem blatul la 180 °C pentru aproximativ 30 de minute, apoi lăsăm blatul la răcit şi îl tăiem în două foi egale.

Mod de preparare foi de cacao:
Punem într-o crăticioară untura, laptele şi zahărul la foc mic şi le lăsăm să dea în clocot, apoi le turnăm într-un vas larg. Cernem făina împreună cu cacao şi adăugăm jumătate în vasul cu untura, amestecăm bine cu o lingură de lemn apoi adăugăm oul bătut şi bicarbonatul stins cu puţin oţet. În timp ce amestecăm cu lingură de lemn, adăugăm şi smântâna, esenţa de vanilie şi treptat şi restul de făină, frământăm bine iar aluatul obţinut se împarte în două şi se coc două foi pe dosul tăvii la 180 °C timp de 7 minute. Se folosesc tăvi de 30 x 23 cm.

Mod de preparare cremă:
Într-un vas de sticlă, punem laptele condensat şi untul şi le încălzim la microunde 2 minute. Compoziţia trebuie să fie fierbinte când adăugăm ciocolata ruptă în bucăţi. Amestecăm energic cu telul în formă de pară până când ciocolata se topeşte în laptele condensat. Lăsăm la răcit în bucătărie 30 minute apoi începem să mixăm la viteză medie şi adăugăm şi crema de brânză care trebuie să fie tot la temperatura camerei, mixăm bine crema și apoi o lăsăm la frigider până când se îngroaşă. O scoatem de la rece şi o mai mixăm puţin.

Umplem fiecare foaie cu crema obţinută și asamblăm prăjitura începând cu o foaie de cacao, apoi una de blat, o foaie de blat şi ultima foaie de cacao. Deasupra punem tot cremă şi dăm prăjitura la rece câteva ore sau peste noapte. Blaturile (nu foile) se pot însiropa înainte de a pune crema. Vă asigur că este o prăjitură foarte buna! Când proporţionaţi prăjitura, glazuraţi cu ciocolata topită în care adăugaţi o lingură de ulei.

Poftă bună!

SOMEŞANCA

Pentru blat vanilie:
4 ouă
2 plicuri zahăr vanilinat
150 g zahăr tos
50 mL ulei
70 g unt
140 g făină
jumătate plic praf de copt
80 mL lapte
un praf de sare

Pentru foi de cacao
50 g untura
75 g zahăr tos
50 mL lapte
1 plic zahăr vanilinat

30 g cacao
1 lingură smântână grasă
fermentată
1/2 linguriţă bicarbonat de
sodiu
1 lingură otet
1 ou mic
180 g făină (aproximativ)
esenţă vanilie.

Pentru glazură:
100 g zahăr tos
65 g unt
25 g cacao
100 mL lapte
 esenţă rom după gust.

Pentru cremă:
500 mL lapte
250 g zahăr tos
2 plicuri zahăr vanilinat
60 g amidon
200 g unt
50 g zahăr pudră
1 linguriţă esenţă vanilie

Alte ingrediente:
400 g vişine din compot

Mod de preparare blat vanilie: Se separă ouăle, iar gălbenușurile se mixează cu 100 g zahăr şi zahărul vanilinat 4-5 minute apoi se adaugă uleiul şi se continuă mixarea 2 minute. După această etapă, se adaugă untul moale şi se continuă mixarea 2-3 minute. Cernem făina şi praful de copt şi le adăugăm în gălbenușuri, mixăm la viteză mică adăugând treptat laptele. Compoziția obținută se transferă într-un vas larg şi se lasă deoparte. Albușurile se mixează cu un praf de sare 3-4 minute apoi se adauga restul de zahăr şi se continuă mixarea până când obținem o bezea tare, bezeaua se încorporează în compoziția de gălbenușuri şi se amestecă cu spatulă de jos în sus. Coacem blatul la 180 ºC pentru 30 minute în tavă de 30 x 23 cm tapetată cu unt şi făină. Blatul copt se lasă la răcit apoi se taie în două felii egale.

Mod de preparare foi de cacao: Punem într-o cratiță untura, laptele, zahărul şi zahărul vanilinat, lăsăm să dea în clocot şi apoi transferăm într-un vas larg. Adăugăm jumătate din făina în care am pus cacao şi amestecăm cu o lingură de lemn. După această etapă, se adaugă oul bătut şi bicarbonatul stins cu oțet şi se continuă frământarea cu lingura. Adăugăm şi smântâna şi restul de făină şi frământăm. La final, se adaugă esența de vanilie. Trebuie să obținem un aluat elastic, nelipicios. Împărțim aluatul în două şi coacem două foi pe dosul tăvii la 180 ºC timp de 7 minute.

Mod de preparare cremă: Se pun la foc într-o oală 400 mL lapte, zahărul tos şi zahărul vanilinat şi lăsăm să fiarbă. Într-un vas mic, punem amidonul şi îl amestecăm cu 100 mL lapte rece. Când laptele a dat în fiert, adăugăm amidonul şi fierbem crema până se îngroașă şi face bulbuci mari. O luăm de pe foc şi o transferăm într–un vas curat şi uscat, apoi o acoperim cu folie de plastic alimentară şi o lăsăm la răcit. Untul se spumează cu zahărul pudră, apoi se adaugă câte o lingură de cremă şi se mixează după fiecare adăugare. La final se adaugă esență de vanilie. Crema obținută se împarte în 3 părți.

Când asamblăm prăjitura, punem în ordinea următoare: o foaie de cacao, cremă, vișine, blat vanilie, cremă vișine, blat vanilie, cremă, vișine şi foaie de cacao. Prăjitura se dă la rece 45 minute, apoi punem glazura.

Mod de preparare glazură: Punem într-o crăticioară zahărul, cacao şi laptele şi lăsăm să fiarbă, apoi adăugăm câte puțin din unt şi amestecăm bine. Luăm de pe foc şi adăugăm esența de rom după gust şi lăsăm puțin la răcit apoi turnăm glazura peste prăjitură şi nivelăm.

Poftă bună!

BISCO D'ORO

Pentru biscuiți:
400 g făină
250 g unt nesarat
180 g zahăr
1 ou
1 linguriţă praf de copt
1 linguriţă esenţă vanilie
esenţă de migdale (opţional)
un praf de sare

Pentru coji de ecler:
100 mL lapte
100 mL apă
10 g zahăr
80 g unt

125 g făină cernută
4 ouă
un praf de sare

Pentru cremă:
150 g ciocolată albă
200 g caramel din lapte condensat (dulce de leche)
350 mL smântână de frișcă
7 g gelatină

Pentru glazură:
200 g ciocolată semidulce
175 mL smântână de frișcă
o nucă de unt

Mod de preparare biscuiți:
Se cerne făina şi praful de copt într-un vas. Untul moale se mixează cu zahărul până devine spumos, apoi se adaugă oul care trebuie să fie la temperatura camerei. Se mixează puţin, apoi se adaugă esenţa de vanilie şi treptat se adaugă făina cernută. După ce aţi încorporat toată făina, scoateţi aluatul din vas pe masa de lucru şi adunaţi-l într-o bilă, infoliaţi-l şi puneţi-l la rece pentru 30 minute. Aluatul se întinde în grosime de 4 milimetri între două foi de hârtie de copt, apoi tăiem cu forma rotundă de 7 cm şi coacem pentru 8 - 10 minute la 175 °C. Biscuiţii se lasă la răcit.

Mod de preparare coji rontunde de ecler:
Laptele, apă, sarea, zahărul şi untul se pun la foc până ajung în punctul de fierbere, apoi se ia cratiţa de pe foc şi se adaugă făina. Se amestecă bine şi se pune iar pe foc amestecând continuu pentru 2 minute, după care se ia de pe foc şi se mixează puţin cât să nu fie prea fierbinte. Apoi se adaugă câte un ou şi se mixează bine după fiecare ou. Punem compoziţia într-un poş în care am pus un dui 4B şi formăm pe foaia de copt eclere rotunde de 4 - 5 cm. Coacem la 180 de °C pentru 40 de minute. După primele 10 minute de copt, se pune o lingură de lemn între uşa cuptorului şi cuptor, iar restul de 30 de minute de coc aşa, cu uşa de la cuptor între-deschisă. Cojile coapte se lasă la răcit.

Mod de preparare glazură:
Încălzim smântâna de frişcă, turnăm peste ciocolată şi amestecăm bine. Adăugăm untul, omogenizăm şi lăsăm puţin la răcit. Glazurăm biscuiţii şi îi aşezăm pe un grătar de bucătărie. După 8 - 10 minute punem pe fiecare biscuit câte o cochilie la care am tăiat capacul şi am scobit miezul ca să rămână goale pe dinăuntru. Le lăsăm deoparate până le umplem cu cremă.

Mod de preparare cremă:
Punem la hidratat gelatina în apă rece conform instrucţiunilor de pe ambalaj şi o lăsăm deoparte. Punem la foc 100 mL smântână de frişcă, ciocolată albă şi carame-lul, le încălzim dar să nu fiarbă. Le luăm de pe foc şi amestecăm bine apoi adăugăm gelatina hidratată şi omogenizăm. Oprim puţină cremă pentru decor, iar restul lăsăm la răcit. Mixăm restul de smântână de frişcă şi o adăugăm în crema de caramel, amestecând cu spatula cu mişcări largi. Crema obţinută se pune la frigider 20 minute apoi se pune în poş şi cu acelaşi dui umplem fiecare cochilie. Peste cremă ornăm cu caramel, alune mărunţite, bucăţi de ciocolată şi foiţă de aur comestibilă. Biscuiţii se pudrează cu pensula cu pudră aurie comestibilă (opţional) după glazurare şi răcire.

Poftă bună!

RAFFAELLO

Pentru blat de vanilie:
8 oua
250 g zahăr tos
175 g făină
100 mL lapte
100 mL ulei
100 g unt la temperatura camerei
2 plicuri zahăr vanilinat
jumătate lingurita praf de copt
un praf de sare

Pentru crema:
500 g brânză mascarpone
2 cutii lapte condensat (800 g)

100 g nucă de cocos
100 g ciocolată albă mărunțită
400 mL smântână de frișcă
7 g gelatină
puțină esență de migdale
esență de cocos

Pentru decor:
100 g nucă de cocos
100 g migdale prăjite și mărunțite

Alte ingrediente:
1 foaie de napolitană de 40 x 28 cm

Mod de preparare blat:
Pentru început separam ouale. Gălbenușurile, 200 g zahăr tos și zahărul vanilinat se pun în vasul mixerului. Mixăm gălbenușurile până când devin spumoase, apoi adăugăm untul și continuam mixarea 2 minute. După unt, se adaugă uleiul în fir subțire continuând să mixăm fără oprire. Făina cernută împreună cu praful de copt se adaugă peste gălbenușuri. Mixăm la viteză mică, adăugând treptat laptele rece. Lăsăm deoparte compoziția. Batem albușurile cu sarea 2 - 3 minute, apoi adăugăm restul de zahăr tos. Mixăm până când obținem o bezea tare. Încorporam bezeaua în gălbenușuri amestecând cu spatula de jos în sus. Turnăm blatul într-o tava de 40 x 28 cm, tapetată cu unt și făină. Coacem blatul la 175 °C pentru aproximativ 40 minute. Blatul copt se lasă la răcit, apoi se taie în două foi egale.

Mod de preparare cremă:
Hidratăm gelatina în apă rece, conform indicatiilor de pe amabalaj și o lăsăm deoparte. Punem într-un vas de sticlă sau porțelan laptele condensat, brânza mascarpone, nuca de cocos și ciocolata mărunțită. Mixăm ingredientele puțin, doar atât cât să fie bine încorporate (atenție, brânza mascarpone se taie ușor dacă este mixată prea mult). Adăugăm în cremă gelatina hidratată și topită în cuptorul cu microunde sau pe baie de aburi. Amestecăm ușor și adăugăm esențe după gust (atenție, esența de migdale are un gust foarte pronunțat, nu adaugați prea mult). Crema obținută se pune la frigider 25 - 30 minute. În acest timp, mixăm smântâna de frișcă într-un vas metalic pe care l-am ținut în congelator înainte, cel puțin 15 minute. Frișca bătută se adaugă în crema rece, în două tranșe, având grijă să amestecăm cu o spatulă de jos în sus.

Asamblare prăjitură:
Așezăm o foaie de blat pe o tavă cu suprafață plată. Întindem o parte de cremă și nivelăm. Peste cremă, adăugăm foaia de napolitană și încă un strat de cremă. Punem a doua foaie de blat și restul de cremă. Peste ultimul strat de cremă, presărăm nuca de cocos și migdalele mărunțite.

Poftă bună!

ROSEA

Pentru foi:
8 ouă
300 g zahăr tos
100 g unt
100 mL ulei
150 lapte
40 g cacao
1 praf de copt
1 linguriţă mică bicarbonat de sodiu
80 g griș
2 plicuri zahăr vanilinat
180 g făină

Pentru cremă:
450 g cremă de brânză
200 g zahăr pudră
piure de zmeură
500 mL smântână de frişcă

Piure de zmeura:
300 g zmeură
150 g zahăr tos
10 g gelatină

Pentru jeleu
400 mL suc de vișine
50 g amidon
120 g zahăr
7 g gelatină

Mod de preparare foi: Se separă albușurile de gălbenușuri. În vasul unui mixer, se pun gălbenușurile și se adaugă 250 g zahăr tos și zahărul vanilinat și mixăm câteva minute până își dublează volumul. Apoi se adaugă făina cernută împreună cu praful de copt, cacao și bicarbonatul și continuăm să mixăm la viteză mică, adăugând treptat și laptele. La final se adaugă grișul și se mixează puțin. Lăsăm compoziția deoparte într-un vas larg până la întrebuințare. În acest timp, mixăm albușurile cu un praf de sare la început până când albușurile devin spumoase, apoi adăugăm restul de zahăr și continuăm mixarea ca să obținem o bezea tare. Bezeaua se adaugă în gălbenușuri în două tranșe, amestecându-se cu o paletă de jos în sus cu mișcări largi. Împărțim compoziția în patru tăvi de 40 x 28 cm tapetate cu hârtie de copt și nivelăm fiecare foaie. Se coace la 180 °C timp de 12 minute.

Mod de preparare piure de zmeură: Pentru început, punem la hidratat gelatina, conform indicațiilor de pe ambalaj și o lăsăm deoparte. Într-o crăticioară, punem la foc zmeura și zahărul și fierbem câteva minute cât să se dizolve zahărul. După ce am fiert piureul, se dă prin sită asa fierbinte ca să obținem un piure fără semințe. În acest piure se adaugă gelatina hidratată și amestecăm ca să se dizolve gelatina, apoi îl lăsăm la răcit în bucătărie și ulterior în frigider.

Mod de preparare cremă: Punem în vasul mixerului crema de brânză și zahărul pudră și mixăm 6-7 minute, apoi adăugăm câte o lingură de piure de zmeură și mixăm bine crema. Crema obținută se pune la rece pentru 30 minute. În acest timp, mixăm smântâna de frișcă într-un vas rece. Scoatem crema de la frigider și adăugăm frișcă amestecând cu o spatulă mare și mișcări largi. Umplem fiecare foaie și punem prăjitura la frigider 1 h.

Mod de preparare jeleu: Hidratăm gelatina în apă rece conform indicațiilor de pe ambalaj și o lăsăm deoparte. Omogenizăm amidonul cu câteva linguri de suc rece de vișine și-l lăsăm deoparte. Punem la foc într-o crăticioară sucul de vișine și zahărul și fierbem 4 - 5 minute, apoi adăugăm amidonul și continuăm să fierbem amestecând constant cu telul în formă de pară. Fierbem 2 minute apoi luăm de pe foc și lăsăm la răcit câteva minute, ca să nu fie foarte fierbinte cînd adăugăm gelatina hidratată și se amestecă bine. Jeleul căldut se toarnă peste prăjitura rece și se nivelează. Se lasă la temperatura camerei până când se răcește complet, apoi prăjitura se pune la frigider. Pentru decor, se poate folosi puțină frișcă și aceeași cremă de zmeură plus bombonele roșii.

Poftă bună!

NAPOLI

Pentru foi cu miere:
200 g miere
200 g zahăr tos
100 g unt
100 mL lapte
1 ou
1 linguriţă bicarbonat de sodiu
2 linguri zeamă de lămâie
800 g făină (aproximativ)

Cremă albă:
250 mL lapte
70 g griș
100 g unt
1 plic zahăr vanilinat
esenţă vanilie după gust

Cremă caramel:
4 gălbenușuri
150 g zahăr tos
350 mL lapte
150 g unt
200 g nuci pecan
200 g zahăr tos pentru caramelizat
1 linguriţă esenţă vanilie
75 g făină

Cremă de ciocolată:
200 g ciocolată cu lapte
150 mL smântână de frișcă
esenţă de rom după gust

Glazură:
200 g ciocolată semidulce
200 mL smântână de frișcă
30 g unt
esenţă vanilie după gust

Mod de preparare foi cu miere: Punem într-o crăticioară mierea, zahărul, untul şi laptele şi fierbem timp de 5-6 minute până când compoziţia face spumă deasupra, Se ia de pe foc şi se toarnă aşa fierbinte într-un vas larg, apoi adăugăm jumătate din făină şi amestecăm bine, adăugăm şi oul bătut şi bicarbonatul stins cu zeamă de lămâie. Se amestecă bine cu lingura de lemn şi treptat adăugăm şi restul de făină, turnăm aluatul pe masă şi frământăm. Dacă aluatul nu necesită toată cantitatea de făină, vă opriţi cu făina atunci când simţiţi că aluatul este modelabil şi că-l puteţi întinde foi. Se împarte aluatul în 4 părţi egale şi se întind foi pe dosul unei tăvi de 40 x 28 cm. Se înţeapă foaia cu furculiţa ca să nu se umfle, coacem fiecare foaie timp de 8 minute la 180 °C, apoi foile se lasă la răcit.

Mod de preparare cremă: Punem într-o crăticioară cele 200 g zahăr şi-l caramelizăm la foc mic, apoi adăugăm 300 mL lapte şi lăsăm pe foc ca să se topească zahărul. Între timp, mixăm gălbenuşurile cu restul de zahăr până îşi dublează volumul, adăugăm făina şi restul de lapte şi mixăm bine. Turnăm laptele caramelizat peste gălbenuşuri şi amestecăm bine, apoi transferăm crema în oală, o punem pe foc şi fierbem până când se îngroaşă. După ce crema a fiert, se ia de pe foc şi se toarnă într-un vas, acoperim cu folie de plastic alimentară şi o lăsăm la răcit. Odată răcită, crema se mixează cu untul şi se adaugă câte o lingură din crema caramel, mixând după fiecare adăugare, apoi se adaugă nucile prăjite puţin şi tăiate mărunt. La final se adaugă esenţa. Lăsăm crema la rece până la întrebuinţare.

Mod se preparare cremă de ciocolată: Încălzim smântâna de frişcă şi turnăm peste ciocolata ruptă, amestecăm puţin şi adăugăm esenţa. Crema se lasă la răcit în bucătărie, apoi se transferă la frigider pentru 2-3 ore. După acest timp, se mixează foarte puţin, cât să capete un pic de cremozitate.

Mod de preparare cremă albă: Punem la fiert laptele cu zahărul, untul şi zahărul vanilinat. Când laptele dă în fierbere, turnăm în ploaie grişul şi fierbem până se îngroaşă, luăm de pe foc şi adăugăm esenţa.

Aşezăm pe o tavă mare o foaie cu miere şi peste foaie un strat din crema caramel, apoi altă foaie şi crema de ciocolată. Peste crema de ciocolată punem alt strat din crema caramel, apoi o altă foaie şi crema albă, iar peste crema albă punem ultima foaie. Dăm prăjitura la rece 1 h, timp în care facem glazura. Se încălzeste smântâna de frişcă şi se toarnă peste ciocolata ruptă, amestecăm puţin şi adăugăm untul moale şi esenţa, lăsăm glazura să se răcească puţin apoi o turnăm peste prăjitură. Peste glazură, se pot pune ca şi decor bombonele mici de ciocolată.

Poftă bună!

MILANO

Pentru foi de bezea:
8 albușuri
150 g nucă măcinată
100 g nucă măcinată
200 g zahăr tos
1 praf de copt

Pentru mousse de vanilie:
4 gălbenușuri
200 g zahăr tos
2 plicuri zahăr vanilinat
400 mL lapte
10 g gelatină

25 g făină
50 g amidon
300 mL smântână de frișcă
1 linguriță esență vanilie

Pentru sos de vișine:
400 g vișine din compot
200 g zahăr tos
250 mL compot de vișine (suc)
30 g amidon
10 g gelatină
3 linguri apă rece

Mod de preparare foi de bezea:

Punem albușurile în vasul mixerului și mixăm cu un praf de sare pentru 3-4 minute, apoi adăugăm treptat zahărul și continuăm mixarea până când obținem o bezea tare. Amestecăm făina cu nuca și cu praful de copt și le adăugăm în bezea în două tranșe amestecând cu o spatulă de jos în sus, cu mișcări largi. Compoziția obținută se împarte în două tăvi de 40 x 28 cm tapetate cu hârtie de copt și o coacem la 170 °C pentru 15 -17 minute, apoi lăsăm blaturile la răcit.

Mod de preparare mousse de vanilie:

Pentru început punem gelatina la hidratat în apă rece conform indicațiilor de pe ambalaj și o lăsăm deoparte până la întrebuințare. Gălbenușurile. zahărul tos și zahărul vanilinat se pun în vasul mixerului și se mixează până când își dublează volumul. Între timp, punem la încălzit 350 mL lapte. Când gălbenușurile sunt bine mixate, adăugăm făina amestecată cu amidonul și restul de lapte. Mixăm ca să se omogenizeze bine, apoi adăugăm peste gălbenușuri laptele cald. Transferăm crema într-o oală și o punem pe foc. Fierbem până când crema se îngroașă, amestecând constant cu telul în formă de pară. Crema fiartă se pune într-un vas mare și când nu mai este foarte fierbinte, se adaugă gelatina hidratată. Amestecăm bine și adăugăm și esență de vanilie. Lăsăm crema la răcit la temperatura camerei. Crema trebuie să fie nici foarte rece dar nici caldă atunci când adăugăm frișca bătută. Mixăm smântâna de frișcă într-un vas rece până când devine cremoasă, apoi o adăugăm în două tranșe în crema de vanilie. Se amestecă cu mișcări largi, circulare, de jos în sus. Punem crema la rece până când facem sosul se vișine.

Mod de preparare sos de vișine:

Punem într-o crăticioară vișinele, zahărul și sucul de vișine la foc mic și fierbem cât să se dizolve zahărul, apoi adăugăm amidonul pe care l-am omogenizat cu apă rece. Fierbem sosul 1 minut, apoi il luăm de pe foc și amestecăm energic cu telul în formă de pară. Când nu este prea fierbinte, se adaugă gelatina hidratată.

Asamblare prăjitură:

Așezăm pe o tavă mare, un blat de bezea peste care adăugăm un strat subțire de cremă de vanilie, apoi adăugăm un strat din sosul de vișine și nivelăm. Dăm prăjitura la congelator 15 minute. Apoi adăugăm peste sosul de vișine un strat generos de cremă, peste care așezăm al doilea blat de bezea și restul de cremă de vanilie. Dăm la congelator prăjitura 15 minute, apoi adăugăm restul de sos de vișine. Prăjitura se lasă la frigider 3 - 4 ore înainte de servire.

Poftă bună!

HOLLYWOOD

Pentru blaturi vanilie:
6 ouă
200 g zahăr tos
150 g făină
100 mL ulei
50 g unt
100 mL lapte
1 plic zahăr vanilinat
1 linguriță esență vanilie
un praf de sare
1 praf de copt

Pentru blat de bezea cu nucă:
3 albușuri
75 g zahăr tos
25 g făină
50 g nucă măcinată
un praf de sare

Pentru cremă de vanilie:
4 gălbenușuri
150 g zahăr tos
2 plicuri zahăr vanilinat
450 mL lapte
75 g făină
1 linguriță esență vanilie
150 g unt
80 g zahăr pudră

Pentru cremă de fructe:
250 g cremă de brânză
50 g zahăr pudră
7 g gelatină
150 g fructe de padure
50 g zahăr tos
200 mL smântână de frișcă
Pentru decor:
100 g ciocolată neagră

Mod de preparare blaturi vanilie: Separăm albușurile de gălbenușuri. Mixăm gălbenușurile cu 150 g zahăr și zahărul vanilinat până își dublează volumul, apoi adăugăm uleiul și continuăm să mixăm. Adăugăm și untul moale și mixăm după fiecare adăugare de ingrediente. Cernem făina și praful de copt și le adăugăm peste gălbenușuri mixând la viteză mică. Adăugăm și laptele treptat. După încorporare, lăsăm compoziția deoparte. Mixăm albușurile cu un praf de sare la început, apoi adăugăm restul de zahăr și continuăm să mixăm până când obținem o bezea tare. Această bezea o încorporam în gălbenușuri, și amestecăm cu o spatulă de jos în sus cu mișcări largi. Pregătim două tăvi de 40 x 28 cm tapetate cu hârtie de copt și împărțim compoziția în cele două tăvi, nivelăm și coacem la 180 °C pentru 15-17 minute, apoi lăsăm blaturile la răcit.

Mod de preparare blat de bezea cu nucă: Mixăm albușurile cu sarea la început apoi adăugăm zahărul și continuăm mixarea ca să obținem o bezea tare. Reducem viteza mixerului și adăugăm nuca amestecată cu făină, turnăm bezeaua în tava tapetată cu hârtie de copt și coacem la 170 °C pentru 10 -12 minute, apoi lăsăm blatul la răcit.

Mod de preparare cremă vanilie: Punem la încălzit 350 mL lapte la foc mic. Mixăm gălbenșurile cu zahărul tos și zahărul vanilinat până când își dublează volumul, apoi adăugăm făina și restul de lapte rece. Mixăm bine și peste această budinca turnăm laptele fierbinte, transferăm crema într-o oală și o punem la fiert la foc mic, amestecând continuu cu telul în formă de pară până când crema se îngroașă și face bulbuci mari. Apoi turnăm crema într-un vas uscat și o acoperim cu folie de plastic alimentară. Lăsăm crema la răcit. Când crema este rece, mixăm untul cu zahărul pudră până devine spumos, apoi adăugăm câte o lingură din crema de vanilie mixând după fiecare adăugare. La final, adăugăm esență de vanilie și punem crema la rece până la întrebuințare.

Mod de preparare cremă de fructe: Pentru început, hidratam gelatina conform instrucțiunilor de pe ambalaj și o lăsăm deoparte până la întrebuințare. Punem într-o crăticioară fructele de padure cu zahărul tos și le fierbem până când zahărul este topit, apoi trecem prin sită ca să obținem un sirop gros și fără semințe. În acest sirop cald, se adaugă gelatina și amestecăm să se dizolve bine. Lăsăm la răcit în bucătărie apoi transferăm vasul în frigider. Când avem piureul de fructe rece, mixăm crema de brânză cu zahărul pudră, apoi adăugăm piureul de fructe și mixăm bine. Lăsăm crema la frigider 30 minute, timp în care mixăm smântâna de frișcă într-un vas rece până când devine cremoasă. Adăugăm frișca bătută în crema de fructe și amestecăm cu o spatulă de jos în sus, cu mișcări largi.

Asamblare: Așezăm pe o tavă, o foaie de blat de vanilie și punem un strat de cremă de vanilie. Peste cremă, punem blatul din bezea peste care punem un alt strat de cremă, peste cremă a două foaie de blat de vanilie și un strat subțire de cremă de vanilie. Apoi lăsăm prăjitura la rece 20 minute. Scoatem prăjitura de la rece și întindem pe toată suprafața ei crema de fructe. Nivelăm și răzuim deasupra ciocolată. Prăjitura se dă la rece înainte de servire.

Poftă bună!

JADE

Blat pandișpan:
4 ouă
120 g zahăr tos
100 g făină
50 mL ulei
1 plic zahăr vanilinat
1 praf de sare

Blat de bezea cu nucă
4 albușuri
75 g zahăr tos
120 g nucă măcinată
25 g făină
1 praf dă sare

Cremă:
500 g cremă de brânză
500 mL smântână de frișcă

200 g zahăr pudră
100 mL cafea fiartă (strong)
15 g gelatină
1 linguriță esență vanilie
1 linguriță cafea ness

Sirop:
100 g zahăr tos
100 mL apă
1 linguriță esență vanilie

Decor:
100 g ciocolată neagră
2 linguri ulei
150 mL smântână de frișcă
100 g zahăr ars zdrobit

Alte ingrediente:
200 g biscuiți Petit Beurre

Mod de preparare blat pandișpan: Separăm albușurile de gălbenușuri. Gălbenușurile le amestecăm cu jumătate din zahăr şi zahărul vanilinat, amestecând cu telul în formă de pară până devin mai deschise la culoare, apoi adăugăm uleiul şi omogenizăm bine. Albușurile se mixează cu un praf de sare la început, apoi adăugăm restul de zahăr şi continuăm mixarea până când obținem o bezea tare. Reducem viteză mixerului şi adăugăm în fir subţire gălbenușurile. După ce am adăugat gălbenușurile, adăugăm făina şi mixăm la viteză cea mai mică. Pregătim o tavă tapetată cu hârtie de copt şi turnăm compoziţia în tavă de 40 x 28 cm. Nivelăm şi coacem la 180 ºC pentru 18-20 minute, apoi lăsăm blatul să se răcească.

Mod de preparare sirop: Punem pe foc într-o crăticioară apa şi zahărul şi lăsăm să fiarbă cât să se dizolve zahărul, apoi luăm de pe foc şi adăugăm esenţa de vanilie. Lăsăm siropul la răcit.

Blat de bezea cu nucă: Mixăm albușurile cu un praf de sare, apoi adăugăm treptat zahărul şi mixăm ca să obţinem o bezea tare. Reducem viteza mixerului şi adăugăm nuca amestecată cu făina. Mixăm la viteză mică, apoi transferăm compoziţia într-o tavă tapetată cu hârtie de copt 40 x 28 cm şi coacem blatul la 170 ºC pentru 15-18 minute.

Mod de preparare cremă: Hidratăm gelatina în apă rece, conform indicaţiilor de pe ambalaj şi o lăsăm deoparte până la întrebuinţare. Crema de brânză şi zahărul pudră se pun în vasul mixerului şi se mixează 5 - 7 minute până când devine o cremă spumoasă, apoi se adaugă cafeaua rece şi se continuă mixarea. Adăugăm cafeaua ness pe care am dizolvat-o cu o lingură de apă şi se mixează bine crema. După această etapă, adăugăm gelatina hidratată şi topită la microunde sau pe baie de aburi. Mixăm bine crema şi la final adăugăm esenţă de vanilie. Crema se lasă la frigider 1h. În acest timp, mixăm smântâna de frișcă într-un vas rece, apoi lăsăm frișca la frigider până la întrebuinţare.

Mod de preparare zahăr ars. Topim zahărul într-o crăticioară până când capătă o culoarea maroniu-deschis, apoi il transferăm pe o hârtie de copt şi-l lăsăm la răcit. Când este rece, îl putem zdrobi ca să obţinem mici bombonele pentru decor.

Scoatem crema și frișca de la rece. Adăugăm în două tranşe frișcă bătută în crema de cafea, amestecând cu o spatulă de jos în sus cu mișcări largi.

Asamblarea: Aşezăm pe o tavă blatul pandișpan şi-l însiropăm, apoi adăugăm un strat subţire de cremă. Peste cremă, așezăm un strat de biscuiți întregi, peste care așezăm un strat subţire de cremă, apoi blatul de bezea cu nucă, iar peste blatul de bezea restul de cremă. Dăm prăjitura la rece 2 h. Când decorăm, punem pe fiecare bucată de prăjitură ciocolată în fir subţire (ciocolată topită cu un pic de ulei). Apoi peste ciocolată, se pune o floare din frișcă şi zahăr ars zdrobit.

Poftă bună!

SPARTAK

Pentru foi:
500 g albuș de ou
200 g zahăr tos
150 g nuca măcinată
100 g biscuiți măcinați
50 g făină
1 praf de sare

Cremă:
4 gălbenușuri
150 g zahăr tos
2 plicuri zahăr vanilinat

500 mL lapte
150 g unt
100 g făină
100 g zahăr pudra
esență vanilie după gust
 + 300 g vișine din compot

Glazură:
150 g zahăr tos
30 g cacao
100 mL lapte
75 g unt la temperatura camerei

Mod de preparare foi:

Punem albușurile în vasul mixerului și le mixăm cu sarea până se fac spumă, apoi adăugăm treptat zahărul și continuăm să mixăm până când obținem o bezea tare. Reducem viteza mixerului și adăugăm nuca amestecată cu biscuiți. Continuam să mixăm la viteza cea mai mică, nu foarte mult timp, ca să nu se lase bezeaua. Pregătim 3 tăvi de 40 x 28 cm tapetate cu hârtie de copt. Împărțim în mod egal bezeaua în fiecare tavă, nivelăm și coacem la 170 °C pentru 10 - 12 minute, apoi lăsăm foile la răcit. După ce foile s-au răcit, se îndepărtează cu grijă hârtia de copt.

Mod de preparare cremă:

Punem la încălzit 400 mL lapte la foc mic. Mixăm gălbenușurile cu zahărul și zahărul vanilinat până când își dublează volumul, apoi adăugăm făina și mixăm la viteză mică adăugând treptat restul de lapte rece. Peste acest amestec, se toarnă laptele căldut și se amestecă bine, apoi se fierbe crema la foc mic până se îngroașă. Se mixează untul (la temperatura camerei) cu zahărul pudră. Adăugăm în untul spumat cu zahăr pudră câte o lingură din crema fiartă și răcită, mixând după fiecare adăugare. La final, adăugăm esență după gust. Crema obținută se lasă la frigider 35 - 40 minute înainte de utilizare. Crema răcită se întinde peste primele două foi și în crema adancim vișine bine scurse de compot. Se dă prăjitura la rece înainte să turnăm glazura peste ultima foaie.

Mod de preparare glazură:

Punem într-o crăticioară zahărul, cacao, laptele și amestecăm ingredientele cu telul în forma de pară. Fierbem glazura la foc mediu, iar când începe să dea în clocot adăugăm câte o lingură de unt și amestecăm după fiecare adăugare. Luăm glazura de pe foc și o lăsăm 5 minute la răcit, apoi o întindem pe suprafața prăjiturii.
Peste glazură, presărăm nuci prăjite și fulgi de ciocolată sau bomboane decorative.

Poftă bună!

CHIC

Pentru blat:
4 ouă
200 g zahăr tos
150 g făină
1 praf de copt
60 g unt
50 mL ulei
50 mL lapte

Cremă:
6 gălbenușuri
200 g zahăr tos
700 mL lapte
150 g unt
2 plicuri zahăr vanilinat
125 g făină
1 linguriţă esenţă vanilie
250 g nucă de cocos
250 g vișine din compot

Alte ingrediente:
2 foi napolitană de 40 x 28 cm

Mod de preparare blaturi:

Separăm albușurile de gălbenușuri, iar gălbenușurile le mixăm cu 100 g zahăr până când își dublează volumul, apoi adăugăm uleiul și continuăm mixarea. Adăugăm untul moale și mixăm bine. După această etapă, se adaugă făina și praful de copt cernute împreună, se continuă mixarea la viteză mică și se adaugă treptat laptele. Mixăm bine și apoi transferăm compoziția într-un vas larg. Albușurile le mixăm bine cu un praf de sare la început, apoi adăugăm restul de zahăr și continuăm să mixăm până când obținem o bezea tare. Această bezea se încorporează în gălbenușuri, amestecând cu o spatulă de jos în sus. Pregătim două tăvi 40 x 28 cm tapetate cu hârtie de copt și împărțim compoziția de blat în cele două tăvi, nivelăm și coacem la 180 °C pentru 15 - 18 minute. Se lasă blaturile să se răcească.

Mod de preparare cremă:

Punem la încălzit 600 mL lapte, la foc mic. Mixăm gălbenușurile cu zahărul și zahărul vanilinat, apoi adăugăm făina și mixăm la viteză mică, adăugăm și laptele rece. Peste această compoziție turnăm laptele fierbinte și transferăm crema pe foc, amestecând continuu cu telul în formă de pară. Fierbem crema timp de 10 - 12 minute, până se îngroașă, apoi o transferăm într-un vas curat și uscat, o acoperim cu folie de plastic alimentară și o lăsăm la răcit. Mixăm untul care trebuie să fie la temperatura camerei, până când devine spumos. Când crema s-a răcit, apoi adăugăm câte o lingură din ea în untul frecat spumă și mixăm după fiecare adăugare. După ce am încorporat toată crema, adăugăm nuca de cocos și mixăm. La final, adăugăm esența de vanilie.

Așezăm pe o tavă o foaie de napolitană și întindem puțină cremă peste foaia de napolitană, apoi adăugăm o foaie de blat și peste blat punem un strat generos de cremă (mai trebuie să ne rămână cremă doar pentru a unge a două foaie de napolitană). În cremă, adâncim vișinele bine scurse din compot, distribuite uniform pe toată suprafața. Peste cremă, adăugăm a doua foaie de blat și peste blat adăugăm crema ramasă. La final, așezăm a doua foaie de napolitană. Peste prăjitura astfel asamblată, se așează o tavă de aceeași dimensiune și o greutate ca să se lipească bine foile de napolitană. Se lasă greutatea pe prăjitură la temperatura camerei pentru aprox. 2 h. Punem prăjitura la rece înainte de servire.

Poftă bună!

KINDER BUENO

Blat cacao:
3 ouă
150 g zahăr tos
50 g unt
100 mL ulei
25 g cacao
125 g făină
150 mL lapte
1 plic zahăr vanilinat

Blat de bezea cu nucă:
4 albușuri
50g nucă măcinată
50 g făină
100 g zahăr tos

Cremă:
6 gălbenușuri
200 g zahăr tos
2 plicuri zahăr vanilinat
700 mL lapte
150 g făină
150 g ciocolată cu lapte
2 batoane Kinder Bueno
150 g alune de padure
100 g zahăr pudră
200 g unt
1 lingură nutella
esență de vanilie

Pentru decor:
200 mL smântână de frișcă
2 batoane Kinder Bueno
200 g alune în ciocolată

Mod de preparare blat de cacao: Separăm albușurile de gălbenușuri, iar gălbenușurile le mixăm cu 100 g zahăr și zahărul vanilinat până își dublează volumul. Adăugăm uleiul și continuăm mixarea, apoi adăugăm untul moale și mixăm după fiecare adăugare de ingrediente. Cernem făina și cacao și adăugăm peste gălbenșuri mixând la viteză mică, apoi adăugăm treptat și laptele. Lăsăm compoziția deoparte până când spumam albușurile. Albușurile le mixăm cu un praf de sare la început, apoi adăugăm 50 g zahăr tos și continuăm să mixăm până când obținem o bezea tare. Încorporăm treptat această bezea în gălbenușuri amestecând cu o spatulă de jos în sus. Turnăm compoziția într-o tavă de 40 x 28 cm tapetată cu hârtie de copt și coacem blatul la 180 °C pentru 15 - 17 minute. Lăsăm blatul să se răcească.

Mod de preparare blat de bezea cu nucă: Mixăm albușurile cu un praf de sare la început, apoi adăugăm treptat zahărul. Mixăm până când obținem o bezea tare. Făina și nuca măcinată se amestecă într-un vas, apoi se adaugă peste bezea și se mixează la viteza cea mai mică. Compoziția obținută se toarnă într-o tavă de 40 x 28 cm tapetată cu hârtie de copt și se coace la 180 °C timp de 10 - 12 minute. Când blatul este copt, îl scoatem din tavă cu hârtie de copt cu tot, îl răsturnăm și îndepărtăm cu grijă hârtia de copt.

Mod de preparare cremă: Punem la încălzit la foc mic 600 mL lapte. Mixăm gălbenușurile cu zahărul și zahărul vanilinat până când își dublează volumul, apoi adăugăm făina și restul de lapte rece și mixăm bine. Adăugăm peste gălbenușuri laptele încălzit, amestecăm bine și punem la fiert crema. Fierbem până se îngroașă și face bulbuci mari. Când crema a fiert, se transferă într-un vas curat și uscat și se acoperă cu folie de plastic alimentară. Lăsăm crema să se răcească.
Mixăm untul moale la temparatura camerei cu zahărul pudră, până când devine spumos, apoi adăugăm câte o lingură din crema răcită, mixând după fiecare adăugare. Crema se mixează bine apoi se scoate jumătate din cremă într-un vas și se adaugă esența de vanilie, iar în cealaltă jumătate se pune ciocolata topită și răcită și se mixează, apoi se adaugă nutella și batoanele Kinder Bueno măcinate, mixând ușor.

Așezăm pe o tavă blatul de cacao peste care întindem un strat subțire din crema de ciocolată apoi așezăm pe toată suprafața alunele prăjite. Punem prăjitura la congelator pentru 20 de minute, apoi o scoatem și adăugăm crema galbenă și nivelăm. Peste cremă, așezăm blatul din bezea, peste care adăugăm restul de cremă de ciocolată. Dăm prăjitura la rece pentru 1h. Între timp, mixăm smântâna de frișcă și după ce capătă volum, adăugăm batoanele Kinder Bueno. pe care le-am măcinat. Crema de frișcă se întinde pe toată suprafața prăjiturii. Prăjitura se decorează cu alune în ciocolată.

Poftă bună!

LIMONELLA

Pentru foi:
8 ouă
200 g zahăr
200 g făină
40 g semințe de mac
50 g unt
50 mL ulei
1 plic praf de copt
2 plicuri zahăr vanilinat
1 lingură esenţă vanilie

Pentru cremă;
500 g brânză Philadelphia
100 g unt

100 g miere
200 g zahăr pudră
300 mL smântână de frișcă
100 g coaja de lămâie confiată
coaja rasa de la 1 lămâie
1 lingură esenţă vanilie

Pentru glazură;
100 g ciocolată albă
50 g ciocolată neagră
50 mL smântână de frişcă
1 lingură ulei
colorant alimentar galben

Mod de preparare foi;

Punem într-un vas ouăle şi le mixăm cu un praf de sare aprox. 5 minute, apoi adăugăm treptat zahărul şi zahărul vanilinat şi continuăm mixarea până când ouăle şi zahărul îşi dublează volumul. Cernem într-un vas făina şi praful de copt şi le adăugăm în două tranşe în ouăle mixate, amestecând cu o spatulă de jos în sus cu mişcări largi. Adăugăm uleiul şi amestecăm uşor, apoi adăugăm untul topit şi răcit şi esenţa de vanilie, amestecând după adăugarea fiecărui ingredient. La final, adăugăm macul. Tapetăm cu hârtie de copt 3 tăvi de aceeaşi dimensiune 40 x 28 cm, împărţim compoziţia în cele trei tăvi şi nivelăm, apoi le coacem pentru 16 - 18 minute la 180 °C. Foile coapte se lasă la răcit şi apoi se îndepărtează foaia de copt.

Mod de preparare cremă;

Punem în vasul de mixer brânza Philadelphia, care trebuie să fie la temperatura camerei şi mixăm pentru 3-4 minute, apoi adăugăm untul moale la temperatura camerei şi continuăm să mixăm pentru alte 5 minute. Adăugăm zahărul pudră, mixăm crema 6-7 minute apoi adăugăm coaja de lămâie confiată tăiată marunt, coaja rasă de lămâie şi zeama de lămâie. Mixăm puţin şi adăugăm mierea şi esenţă de vanilie. Mixăm bine crema şi apoi o punem la frigider să se răcească bine.

În vasul de mixer rece se adaugă smântâna de frişcă şi se mixează până devine spumoasă (atenţie să nu se mixeze prea mult). Frişca bătută se adaugă în două -trei tranşe în crema de brânză rece, amestecând cu o spatulă de jos în sus cu mişcări largi. Crema obţinută se împarte în trei şi se întinde pe fiecare foaie. Dăm prăjitura la frigider pentru aprox. 1h ca să o putem glazura.

Mod de preparare glazură:

Încălzim smântâna de frişcă şi o turnăm peste ciocolata albă, amestecăm bine şi adăugăm puţin colorant alimentar galben. Glazura se pune într-un poş de unică folosinţă si trasăm linii in diagonală peste ultimul strat de cremă. Ciocolata neagră se topeşte, se adaugă 1 lingură ulei şi se amestecă energic. Glazura de ciocolată se pune într-un poş de unică folosinţă si trasăm linii in diagonală, opuse peste ciocolata galbenă. Lăsăm prăjitura la rece câteva ore înainte de servire.

Poftă bună!

RUSTICA

Pentru blaturi:
6 ouă
300 g zahăr tos
100 g unt
100 mL ulei
100 mL lapte bătut
1 plic zahăr vanilinat
250 g făină
1 praf de copt
300 g vișine din compot

Pentru cremă:
4 ouă
200 g zahăr pudră
150 g unt
30 g cacao
150 g ciocolată semidulce
1 linguriță esență rom

Pentru glazură:
200 g ciocolată albă
100 mL smântână de frișcă
100 g nuci prăjite

Mod de preparare blaturi:
Ouăle, zahărul şi zahărul vanilinat se pun în vasul mixerului şi se mixează până îşi dublează volumul. Se adaugă uleiul şi se continuă mixarea, apoi se adaugă untul la temperatura camerei şi continuăm să mixăm. Adăugăm laptele bautut şi mixăm la viteză mică, după care adăugăm făina amestecata cu praful de copt. Se mixează puţin ca să se încorporeze făina în compoziţie. Turnăm aluatul în două tăvi 40 x 28 cm tapetate cu hârtie de copt şi nivelăm cu spatula. În fiecare foaie de blat aşezăm vişine bine scurse de zeamă si coacem blaturile la 180 °C timp de 18 - 20 minute, apoi lăsăm să se răcească.

Mod de preparare cremă:
Punem în vasul mixerului ouăle şi zahărul pudră, şi începem să mixăm până îşi dublează volumul, apoi transferăm crema pe baie de aburi şi fierbem 25 minute, timp în care amestecăm continuu cu telul în formă de pară. După ce crema este gata, luăm de pe baie de aburi şi adăugăm ciocolata, amestecând energic. Lăsăm crema la răcit. Mixăm untul care trebuie să fie la temperatura camerei, apoi adăugăm cacao şi câte o lingură din crema de ciocolată, la final adăugăm esenţă, mixăm bine crema până când obţinem compoziţia dorită. Pe o tavă, aşezăm o foaie de blat şi punem crema, nivelăm, apoi adăugăm o a doua foaie de blat, după care prăjitura se dă la rece 30 minute.

Mod de preparare glazură:
Încălzim smântâna de frişcă şi turnăm peste ciocolata albă ruptă bucăţi, amestecând energic cu telul în formă de pară. Adăugăm nucile prăjite şi taiate. Glazura obţinută se întine pe suprafaţa prăjiturii şi se lasă la răcit.

Poftă bună!

BRASIL

Pentru blaturi:
6 ouă
150 g nucă
200 g zahăr
100 g unt
170 g făină
50 g cacao
1 praf de copt
100 mL ulei

Pentru cremă:
8 gălbenușuri
300 g zahăr pudră
20 g cafea ness
2 plicuri zahăr vanilinat
200 g unt
50 mL lapte

100 g nucă măcinată
esenţă vanilie

Sirop: 100 g zahăr tos
150 mL apă
esenţă rom sau vanilie

Pentru glazură:
200 g ciocolată semidulce
150 mL smântână de frișcă
1 linguriţă unt moale
esenţă vanilie sau rom

Pentru glazura albă:
100 g ciocolată albă
40 mL smântână de frișcă.

Mod de preparare blaturi de cacao:

Pentru început, Separăm albușurile de gălbenușuri. Punem gălbenușurile în vasul mixerului și adăugăm 150 g zahăr apoi începem să mixăm până când își dublează volumul. Se adaugă uleiul și continuăm să mixăm, apoi adăugăm untul moale și mixăm după fiecare adăugare. Cernem împreună făina, cacao și praful de copt și le adăugăm în gălbenușuri. Mixăm la viteză mică și adăugăm treptat laptele și nucile tăiate. Lăsăm compoziția deoparte până la întrebuințare. Mixăm albușurile cu un praf de sare la început, apoi adăugăm restul de zahăr și mixăm până obținem o bezea tare. Bezeaua se încorporează în compoziția cu gălbenușuri și se amestecă cu spatulă de jos în sus. Turnăm compoziția în două tăvi tapetate cu hârtie de copt, nivelăm și coacem la 180 °C pentru 15-18 minute sau facem testul cu scobitoarea.

Mod de preparare cremă:

În vasul mixerului, punem gălbenușurile, zahărul tos și zahărul vanilinat și începem sa mixăm până când gălbenușurile își dublează volumul. Apoi transferăm crema pe baie de aburi și adăugăm laptele. Fierbem crema pe aburi timp de 30 minute, amestecând continuu cu telul în forma de pară. Cafeaua se dizolva în două - trei lingurițe de apă caldă și se adaugă în crema de gălbenușuri. Luăm crema de pe aburi și o lăsăm la răcit. Untul care trebuie să fie la temperatura camerei, se mixează cu zahărul pudră până când devine spumos. Adăugăm în untul spumos câte o lingură din crema de gălbenușuri și mixăm după fiecare adăugare. Se adaugă apoi nuca măcinată și esența de vanilie.

Așezăm pe o tavă o foaie de blat, îl însiropăm și adăugăm o treime din crema de cafea. Nivelăm crema și adăugăm cealaltă foaie de blat. Așezăm restul de cremă și nivelăm. Dăm la rece pentru aprox. 1 h. În acest timp, ne ocupăm de glazuri. Atât la glazura neagră cât și la cea albă, se procedeaza la fel, adică încălzim smântâna de frișcă și o turnăm peste ciocolata ruptă. În glazura neagră se adaugă în plus unt și esență de vanilie sau de rom.

Scoatem prăjitura de la rece și turnăm peste ea un strat de glazură neagră, nivelăm și lăsăm la răcit. Apoi trasăm linii cu glazura albă.

Poftă bună!

VIENA

Foi cu miere:
120 g miere
100 g zahăr tos
60 g untura
50 mL lapte
1 ou
1 linguriţă bicarbonat de sodiu
2 linguri otet sau zeamă de lămâie
400 g făină

Blat de bezea cu mac
4 albușuri
100 g zahăr tos
100 g seminţe de mac
1 linguriţă praf de copt
50 g făină

Cremă:
4 gălbenușuri
150 g zahăr tos
2 plicuri zahăr vanilinat
350 mL lapte
75 g făină
+100 mL lapte rece
200 g unt
1 linguriţă esenţă vanilie
100 zahăr pudră.

Glazura neagră:
250 g ciocolată cu lapte
150 mL smântână de frișcă
1 linguriţă de unt
esenţă după gust, vanilie sau rom.

Glazura roz:
100 g cioclata albă
40 mL smantan de frișcă
puţin colorant alimentar roz

Mode de preparare foi cu miere:

Într-o crăticioară, punem mierea, zahărul, laptele şi untura, le punem pe foc şi le fierbem până când face spuma mare. Luăm de pe foc şi turnăm într-un vas mai mare, adăugăm jumătate din făină şi amestecăm cu lingură de lemn, apoi adăugăm oul bătut şi bicarbonatul stins cu otet, amestecăm bine şi adăugăm restul de făină. Frământăm aluatul pe masa de lucru peste care am presarat făină. Împărţim aluatul în două părţi şi întindem foi pe dosul a doua tăvi de 40 x 28 cm. Foile se coc 7 - 8 minute apoi se lasă la răcit.

Mod de preparare blat de bezea cu mac:

Punem albuşurile în vasul mixerului şi mixăm cu un praf de sare, apoi adăugăm treptat zahărul. Continuăm mixarea până când obţinem o bezea tare. Amestecăm într-un vas macul, făina şi praful de copt. Reducem viteză mixerului şi adăugăm treptat în bezea mixul de ingrediente uscate. Luăm vasul din mixer şi mai amestecăm compozţia cu spatula, apoi o turnăm în tava de copt de 40 x 28 cm tapetată cu hârtie de copt şi coacem blatul la 180 ºC timp de 15-18 minute. Apoi lăsăm la răcit.

Mod de preparare cremă:

Gălbenuşurile se mixează cu zahărul şi zahărul vanilinat până când îşi dublează volumul. Încălzim 350 mL lapte la foc mic. Când gălbenuşurile sunt mixate suficient, adăugăm făina şi laptele rece (100 mL) şi mixăm puţin. Peste această cremă se toarnă laptele fierbinte şi amestecăm cu telul în formă de pară, apoi transferăm crema pe foc şi o fierbem până când se îngroaşă şi face bulbuci mari. Luăm crema de pe foc şi o transferăm într-un vas, apoi acoperim cu folie alimentară şi o lăsăm la răcit. Spumăm untul în vasul mixerului cu zahărul pudră, apoi adăugăm câte o lingură din crema răcită, mixăm crema bine şi adăugăm esenţă de vanilie.

Mod de preparare glazur neagră:

Încălzim smântâna de frişcă şi o adăugăm peste ciocolata ruptă şi amestecăm bine, apoi adăugăm untul moale şi esenţa.

Mod de preparare glazur roz:

Încălzim smântâna de frişcă şi o adăugăm peste ciocolata ruptă, amestecăm bine, apoi adăugăm colorantul.

Asamblare:

Punem pe o tavă o foaie cu miere peste care adăugăm jumătate din cremă şi nivelăm, apoi punem blatul din bezea cu mac şi peste blat restul de cremă, apoi o foaie cu miere, iar la final adăugăm glazura şi nivelăm. Lăsăm glazura să se răcească, apoi facem linii cu glazura roz peste glazura neagră.

Poftă bună!

FANTASSIA

Pentru foi:
8 ouă
250 g zahăr
200 g făină
40 g cacao
100 mL ulei
100 g unt moale
60 g griș
150 ml lapte
1 praf de copt

Piure fructe de padure:
300 g fructe de padure
200 g zahăr tos
10 g gelatină

Pentru cremă:
450 g cremă de brânză
200 g zahăr pudră
400 mL smântână de frișcă
1 linguriţă esenţă vanilie
+ piureul de fructe

Mod de preparare foi:
Separăm albușurile de gălbenușuri iar gălbenușurile le mixăm cu 200 g zahăr până când își dublează volumul. Adăugăm uleiul şi continuăm mixarea 2 minute, apoi adăugăm untul şi continuăm să mixăm până când se încorporează bine untul. Cernem făina, cacao şi praful de copt şi adăugăm mixul de ingrediente uscâte în gălbenușuri. Mixăm la viteză mică adăugând treptat laptele. La final adăugăm grișul şi mixăm bine, apoi turnăm această compoziție într-un vas larg.
Albușurile le mixăm cu un praf de sare la început, apoi adăugăm restul de zahăr şi mixăm până când obținem o bezea tare. Încorporam bezeaua în compoziția cu gălbenușuri în două tranșe. Facem un aluat şi il împărțim în patru tăvi de 40 x 28 cm tapetate cu hârtie de copt. Coacem foile la 180 °C timp de 12 minute.

Mod de preparare piure fructe de padure
Hidratăm gelatina conform indicațiilor de pe ambalaj şi lăsăm deoparte până la întrebuințare.
Într-o crăticioară, punem fructele şi zahărul, apoi punem pe foc şi fierbem până ce zahărul este dizolvat. Luăm de pe foc şi imediat trecem prin sită ca să obținem un sirop gros, fără semințe. Lăsăm la răcit 5 - 8 minute, apoi adăugăm gelatina hidratată. Amestecăm bine până când gelatină este dizolvata în totalitate. Piureul va fi lasăt la temperatura camerei până la racire, apoi ținut la frigider înainte de utilizare.

Mod de preparare cremă:
Punem în vasul mixerului crema de brânză care trebuie să fie la temperatura camerei, şi mixăm 3 - 4 minute, apoi adăugăm zahărul pudră şi continuăm mixarea timp de 7 - 8 minute. După această treaptă, se adaugă câte o lingură din piureul de fructe rece şi mixăm la viteză mică, apoi adăugăm esența de vanilie. Punem crema aceasta într-un vas şi o lăsăm la frigider minumum 30 minute, timp în care ne ocupăm de frișcă. Smântâna de frișcă se pune într-un vas rece şi se mixeza până când obținem o cremă (atenție, nu mixați prea mult ca să nu se taie). Scoatem crema de la frigider şi adăugăm frişca bătută în cremă în două tranșe, amestecând cu spatulă de jos în sus, cu mișcări largi. Crema obținută se împarte în patru şi umplem fiecare foaie. Pe ultima foaie se pune crema si se ornează cu bomboane de ciocolată.

Poftă bună!

TIRAMISU

Pentru foi:
8 ouă
250 g zahăr
200 g făină
2 plicuri zahăr vanilinat
100 g unt
100 mL ulei
150 mL lapte
1 praf de copt
80 g griș

Pentru cremă:
4 gălbenușuri
150 g zahăr tos
2 plicuri zahăr vanilinat
60 mL cafea fiartă și răcită (cafea tare)
400 g mascarpone
350 mL smântână de frișcă
40 mL lapte rece
1 linguriță esență vanilie

Pentru decor:
1 lingură pudră de cacao

Mod de preparare foi:

Separăm albușurile de gălbenușuri. Gălbenușurile se mixează cu 200 g zahăr și zahărul vanilinat până își dublează volumul, apoi adăugăm uleiul și continuăm mixarea 1 minut, după care adăugăm untul moale și continuăm să mixăm. Cernem făina și praful de copt și adăugăm ingredientele uscate în gălbenușuri. Mixăm la viteză mică și adăugăm treptat laptele rece. Mixăm bine compoziția, apoi adăugăm grișul. Turnăm compoziția într-un vas mare. Albușurile se mixează cu un praf de sare apoi adăugăm restul de zahăr și mixăm până când obținem o bezea tare. Încorporăm bezeaua în gălbenușuri în două tranșe, amestecând de jos în sus cu o spatulă și mișcări largi. Împărțim aluatul în 4 tăvi de 40 x 28 cm și nivelăm fiecare foaie cu o spatulă după care le coacem timp de 12 minute la 180 ºC.

Mod de preparare cremă:

Mixăm gălbenușurile cu zahărul și zahărul vanilinat timp de 5 - 6 minute, apoi transferăm crema pe baie de aburi și adăugăm laptele. Fierbem crema timp de 20 minute, timp în care amestecăm continuu cu telul în formă de pară. După ce se ia crema de pe aburi, se lasă la răcit. Când crema este rece, adăugăm cafeaua și mixăm puțin, apoi adăugăm brânza mascarpone care trebuie să fie la temperatura camerei. Amestecăm cu telul în formă de pară foarte puțin ca să nu se taie crema, apoi adăugăm 1 linguriță esență vanilie și punem crema la rece 30 minute, timp în care ne ocupăm de frișcă. Smântâna de frișcă se mixează într-un vas care a fost ținut la rece aproximativ 20 minute. Frișcă se mixează cu atenție ca să nu se taie. Când avem crema destul de rece, scoatem de la frigider și adăugăm în cremă o parte din frișca bătută, amestecând ușor cu o spatulă prin mișcări largi, apoi adăugăm restul de frișcă. Crema obținută se împarte în patru părți și umplem fiecare foaie iar pe ultima o pudrăm cu cacao.

Poftă bună!

REGINA

Pentru blaturi cu cacao:
6 ouă
200 g zahăr tos
175 g făină
1 linguriţă bicarbonat
1 linguriţă praf de copt
40 g cacao
1 plic zahăr vanilinat
100 mL lapte
un praf de sare

Pentru cremă:
4 gălbenușuri
200 g zahăr tos
1 plic zahăr vanilinat
400 mL lapte
80 g amidon
50 g unt la temperatura camerei
100 g zahăr pudră
230 g mascarpone
1 linguriţă esenţă vanilie

Pentru jeleu de zmeura:
500 g zmeura
200 g zahăr tos
14 g gelatină

Mod de preparare blaturi cu cacao:
Separăm albușurile de gălbenușuri. În vasul unui mixer punem gălbenușurile, zahărul vanilinat și 150 g zahăr tos și mixăm până când își dublează volumul. Cernem făina, cacao, bicarbonatul și praful de copt și adăugăm peste gălbenușuri. Mixăm la viteză mică, adăugând treptat și laptele. Albușurile le mixăm cu un praf de sare apoi adăugăm restul de zahăr și continuăm mixarea până când obținem o bezea tare pe care o încorporam în gălbenușuri amestecând cu o spatulă de jos în sus. Compoziția obținută se toarnă într-o tavă de 40 x 28 cm tapetată cu unt și făină și se coace la 180 °C pentru aproximativ 35-40 minute. Blatul copt se lasă la răcit apoi se taie în trei foi egale.

Mod de preparare jeleu:
Punem într-o crăticioară pe foc zmeura și zahărul și lăsăm să fiarbă 10-12 minute până când zahărul este dizolvat, apoi trecem prin sita dulceața și lăsăm puțin la răcit. Când siropul nu este prea fierbinte, dar încă cald, se adaugă gelatina hidratată și se amestecă bine cu telul în formă de pară ca să se dizolve, apoi lăsăm jeleul în bucătărie la răcit până la întrebuințare.

Mod de preparare cremă:
Se pune la încălzit 350 mL lapte cu zahărul vanilinat, gălbenușurile se mixează cu zahărul 4-5 minute apoi se adauga amidonul și restul de lapte rece, mixăm bine și turnăm laptele cald peste gălbenușuri, transferăm crema pe foc și fo ierbem până se îngroașă. Luăm crema de pe foc și adăugăm untul moale, amestecând energic apoi lăsăm crema la răcit în bucătărie. Crema se acoperă cu folie de plastic alimentară. Când crema este rece, adăugăm zahărul pudră și mixăm bine, apoi adăugăm brânza mascarpone și mixăm puțin cât să se combine ambele părți, adăugăm și esența de vanilie și mai mixăm puțin.

Asamblare:
Pe două foi de blat se împarte jeleul de zmeura și se nivelează, apoi se pun la congelator pentru 15 minute. După ce le scoatem din congelator, adăugăm crema peste jeleu și întindem uniform, așezăm o a doua foaie de blat cu jeleu și punem crema, nivelăm și așezăm a treia foaie de blat. Prăjitura se dă la rece 2 h apoi se porționează și se pune glazura fondantă peste fiecare bucată.

Poftă bună!

ioana Curt

SFATURI UTILE

- Pregătiți pe masa de lucru toate ingredientele și ustensilele cu care lucrați atunci când doriți să faceți prăjituri.
- Cântăriți toate ingredientele înainte să începeți lucrul.
- Pregătiți mai întâi cremele și lăsați-le la răcit, apoi faceți blaturile și foile.
- Faceți în avans siropul cu care însiropați blatul de tort și prăjituri. Siropul răcit se poate păstra la frigider câteva săptămâni în recipiente cu capac.
- Faceți în avans piureul de fructe. Dacă aveți fructe și nu intentionați să le mâncați imediat, faceți piure. După răcire, piureul se poate pune în recipient cu capac la congelator. Scoateti piureul din congelator și puneți-l în frigider cu o seară înainte dacă aveți nevoie pentru prăjituri.
- Faceți în avans glazura fondantă. Se poate păstra în borcan cu capac, la temperatura camerei în cămară pentru câteva săptămâni. Când aveți nevoie să folosiți glazura, trebuie doar să o încălziți puțin pe baie de aburi.
- Folosiți ingrediente naturale și de calitate. Garanția gustului deosebit va fi dată de ingredientele naturale și de calitatea acestora (smântâna de frișcă, unt, ciocolată de calitate, cacao, etc).
- Dacă aveți de bătut smântâna de frișcă, e bine să folosiți un vas metalic care a fost ținut în congelator câteva ore. Astfel, frișca se bate mai bine și mai repede.
- Achiziționați tăvi și ustensile de calitate.
- Blatul pandișpan se coace la foc iute în primele 10 minute, apoi la foc domol. Blatul de prăjitură se lasă la răcit în tava în care a fost copt.
- Albușurile se bat mai bine dacă sunt vechi de două-trei zile și ținute la frigider. Dacă doriți să faceți bezea sau macarons, albușurile trebuie să fie la temperatura camerei.
- Albușurile se bat la viteză mică cu un praf de sare până când încep să se spumeze, apoi se adaugă treptat zahărul și se continuă mixarea până când se obține o bezea tare, fermă.
- Vasul în care se bate bezeaua și telul este bine să fie degresate.
- Folosiți un cântar de bucătărie pentru măsurarea ingredientelor.
- Folosiți un termometru pentru siropuri atunci când faceți glazura fondantă, sirop pentru bezea și nu numai.
- Folosiți o cană gradată pentru măsurarea ingredientelor lichide.
- Preîncălziți cuptorul cu 10 -15 minute înainte de a coace blatul sau foile.
- Prăjiți nucile și alunele la cuptor înainte de a le folosi la prăjituri; astfel, sunt mai gustoase.
- Înmuiați stafidele în apă fierbinte, rom sau lapte înainte de a le folosi în aluat sau creme.
- Pentru a tăia perfect prăjiturile, înmuiați lama cuțitului în apă fierbinte și curățați lama după fiecare tăiere.
- Prăjiturile sunt mai bune dacă le faceți înainte cu o zi, două.

98

FONDANT DE COFETĂRIE

Ingrediente:
500 g
125 g apă
125 g glucoză lichidă
25 g cacao
+ încă 50 g apă

Mai întâi luăm un castron metalic și îl punem la congelator până când pregătim glazura fondantă.

Punem într-o crăticioară cu pereți înalți zahărul, glucoza și apa și atașăm termometrul pe marginea crăticioarei. Punem aceste ingrediente pe aragaz la foc mare. Din când în când, mai spălăm pereții crăticioarei cu o pensulă înmuiată în apă rece. Nu trebuie să amestecăm cu lingură în sirop DELOC! Când siropul atinge temperatura de 113 -115 °C se oprește focul și imediat se toarnă în vasul metalic rece pe care l-am scos din congelator doar înainte să oprim focul, atașăm termometrul la vas și îl lăsăm deoparte, fără să amestecăm sau să atingem siropul, până când scade la temperatura de 45-48 °C.

Între timp, pregătim pasta de cacao. Punem într-un pahar cacao și adăugăm apă treptat, amestecăm bine cu o lingură până nu mai are cocoloașe. Trebuie să obținem o cremă de cacao groasă. Când siropul a atins temperatura potrivită, începem să amestecăm. Dacă cumva siropul este prea vâscos, se mai adaugă o lingură de apă. Când siropul este complet alb și mai consistent, adăugăm imediat pasta de cacao și continuam mixarea. Trebuie să obținem o glazură lucioasă care să nu fie nici prea lichidă, nici prea groasă, tocmai bună pentru a putea glazura prăjiturile. Dacă fondantul se întărește, puneți-l într-un vas pe baie de aburi înainte de a-l folosi. Astfel, își va reveni și va fi mai fluid.

SIROPURI PENTRU PRĂJITURI

Sirop cu gust de vanilie

Ingrediente
200 g zahăr tos
400 mL apă
1 plic zahăr vanilinat
1 linguriță esență vanilie

Mod de preparare: Punem într-o crăticioară pe foc zahărul, apa și zahărul vanilinat. Lăsăm să dea în clocot 3-4 minute apoi luăm de pe foc și adăugăm esența de vanilie. Siropul se lasă la răcit înainte de utilizare.

Sirop cu zahăr ars și rom

Ingrediente
300 g zahăr tos
500 mL apă
esență de rom după gust
1 linguriță esență vanilie

Mod de preparare: Punem într-o crăticioară pe foc 200 g zahăr și lăsăm să se caramelizeze, până când devine lichid și de culoare auriu închis. Adăugăm imediat apa și restul de zahăr. Se lasă să dea în clocot 5 minute apoi se ia de pe foc și se adaugă esența de rom și vanilie, după gust. Siropul se lasă la răcit înainte de utilizare.